Alexandra und Jobst Schlennstedt

111 Orte in Bielefeld, die man gesehen haben muss

111

emons:

Bibliografische Information der Deutschen Nationalbibliothek
Die Deutsche Nationalbibliothek verzeichnet diese Publikation
in der Deutschen Nationalbibliografie; detaillierte bibliografische
Daten sind im Internet über http://dnb.d-nb.de abrufbar.

Layout: Eva Kraskes, nach einem Konzept
von Lübbeke | Naumann | Thoben
Kartografie: altancicek.design, www.altancicek.de
Kartenbasisinformationen aus Openstreetmap,
© OpenStreetMap-Mitwirkende, ODbL
Druck und Bindung: Hitzegrad Print Medien & Service –
Lensing Druck Gruppe, Feldbachacker 16, 44149 Dortmund
Printed in Germany 2017
ISBN 978-3-7408-0123-6
Originalausgabe

Vorwort

Wären die Bielefelder wie Hamburger oder Münchner, würde jeder in Deutschland wissen, wie vielfältig und schön die größte Stadt Ostwestfalens ist. Aber die Bielefelder sind bescheiden. Man kann beinahe sagen, sie stellen das Licht ihrer Stadt unter den Scheffel. So assoziieren die Menschen aus anderen Teilen Deutschlands fast ausschließlich die meist im Fahrstuhl sitzende Fußballbundesliga-Mannschaft mit Bielefeld. Viele von ihnen zweifeln sogar … Ach, lassen wir den alten Hut. Dabei hatten alle von ihnen schon einmal eine Pizza oder einen Pudding aus Bielefeld auf dem Teller. Viele von ihnen tragen Hemden aus Bielefeld, und einige haben Fenster aus Bielefeld.

Aber auch jenseits von Oetker, Seidensticker oder Schüco hat Bielefeld einiges zu bieten. Historisch schon immer stark industriell geprägt, hat die Stadt gleichzeitig auch ein sehr grünes Gesicht. Schließlich zieht sich der Hauptkamm des Teutoburger Waldes mitten durch das Stadtgebiet. Und die Bereiche am Stadtrand erinnern mehr an gemütliche Dörfer als an Ortsteile einer Stadt mit über 300.000 Einwohnern. Vielfältige kulturelle Angebote prägen das Leben in der Stadt. Jenseits der berühmten Hallen für Konzerte und Kunst hat sich in den vergangenen Jahrzehnten eine kreative Szene etabliert. Von Jazz- und Bluesbars über Design bis hin zu kreativer Küche kann man in Bielefeld viel entdecken, was man anderswo nur selten in dieser Form findet.

Dies ist ein Buch für alle, die Bielefeld nicht kennen. Damit sie verstehen, warum sie Bielefeld einmal kennenlernen sollten. Und es ist noch viel mehr ein Buch für alle Bielefelder. Damit sie daran erinnert werden, dass sie durchaus mit Stolz allen Existenzzweiflern von ihrer Stadt berichten sollten.

Herzlichst
Alexandra und Jobst Schlennstedt

111 Orte

1___ Christinen-Brunnen | Brackwede
Einzig wahres Reinheitsgebot | 10

2___ Die Finnbahn | Brackwede
... soll Quelle in Bewegung versetzen | 12

3___ Die Hünenburg-Aussicht | Brackwede
Über die Teutoburger Baumwipfel | 14

4___ Die Lutterquelle | Brackwede
Ursprung des doppelten Flusses | 16

5___ Das Medienarchiv | Brackwede
Eine Schatzkammer voller Filmrollen | 18

6___ Das Naturbad | Brackwede
Ein Sandstrand für Bielefeld | 20

7___ Niemöllers Mühle | Brackwede
Klappert noch immer am rauschenden Bach | 22

8___ Das Café im Circuswagen | Dornberg
Vom Wohnwagen zum Speisewaggon | 24

9___ Die Heilig-Geist-Kirche | Dornberg
Ein außergewöhnliches Gotteshaus | 26

10___ Der Hof Meyer zu Müdehorst | Dornberg
Fromme Frauen und famoser Kuchen | 28

11___ Steffen-Rosen | Dornberg
Natur ist Natur ist Natur | 30

12___ Das Bauernhausmuseum | Gadderbaum
Auferstanden aus Ruinen | 32

13___ Der Botanische Garten | Gadderbaum
Kleinod in sattem Grün und leuchtenden Farben | 34

14___ Die Gaskugeln | Gadderbaum
Nahezu einmalig in Deutschland | 36

15___ Der Halleluja-Steinbruch | Gadderbaum
Natürlich klettern im Teuto | 38

16___ Die Historische Sammlung Bethel | Gadderbaum
Geschichte eines besonderen Stadtteils | 40

17___ Der Japanische Garten | Gadderbaum
Landschaftsreise für die Augen | 42

18___ Das Jostbergkloster | Gadderbaum
Pilgerstätte für Eremiten | 44

19 Der Kletterpark | Gadderbaum
Seiltanz zwischen Baumwipfeln | 46

20 Die Musik- und Kunstschule | Gadderbaum
Künstlerschmiede der Region | 48

21 Der Tierpark Olderdissen | Gadderbaum
Ganz nah dran | 50

22 Der Winzer'sche Garten | Gadderbaum
Erst der Name, dann die Weinreben | 52

23 Die Alte Vogtei | Heepen
Relikt aus Heepens Historie | 54

24 Der Hof Meyer zu Heepen | Heepen
Ursprung von Bielefelds älterer Schwesterstadt | 56

25 Die Kaffeewelt Eisbrenner | Heepen
Große Liebe zur kleinen Bohne | 58

26 Das KulturLand Schelphof | Heepen
Wie der Mensch die Landschaft formt | 60

27 Der Leineweberring | Heepen
Stolz der Motorsportszene | 62

28 Der Muschelsaal | Heepen
Maritimes Flair in Ostwestfalen | 64

29 Die Wassermühle zu Bentrup | Heepen
Idyll am östlichen Stadtrand | 66

30 Die Königsbrücke | Jöllenbeck
Vom Zwist eines Dorfes mit dem König | 68

31 Die Königsmühle | Jöllenbeck
Eine etwas andere Friedhofskapelle | 70

32 Das Leineweberhaus | Jöllenbeck
Arbeitsplatz des bekanntesten Bielefelders | 72

33 Der Abendmarkt auf dem Klosterplatz | Mitte
Perfekt für den Feierabendeinkauf | 74

34 Das AlarmTheater | Mitte
Randgruppen im Zentrum | 76

35 Das Antwerpener Retabel | Mitte
Rätselraten um das Entstehungsjahr | 78

36 Artists Unlimited | Mitte
Künstler ohne Grenzen | 80

37 Das Backpulver-Tütchen | Mitte
Kultmischung auf rotem Samt | 82

38 Die Barista-Schule | Mitte
Das Leben ist zu kurz für schlechten Kaffee | 84

39___ Das Battig-Haus | Mitte
Wiederbelebtes Schmuckstück am Alten Markt | 86

40___ Beit Tikwa | Mitte
Wie eine Kirche zur Synagoge wurde | 88

41___ Der Bürgerpark | Mitte
Ruheoase in der Stadt | 90

42___ Die Bürgerwache | Mitte
Selbst ist der Mensch | 92

43___ Das Café de María | Mitte
Oaxaca in Bielefeld | 94

44___ Das Café Schlösschen | Mitte
Auf ein Getränk im Klohäuschen | 96

45___ Die Delfter Kacheln | Mitte
Blau-weißes Wunder im Treppenhaus | 98

46___ Das Dürkopp Tor 1 | Mitte
Vom Industriekomplex zum Wohnquartier | 100

47___ Die Extra Blues Bar | Mitte
Weltmusik für blaue Stunden | 102

48___ Das Fächermuseum | Mitte
Praktisch, filigran, majestätisch | 104

49___ Das Feuerwehrmuseum | Mitte
Die Retter vom Stadtholz | 106

50___ Das Garten Eis Café | Mitte
Genuss von Arminata bis Zitrone | 108

51___ Die Goja Würzbar | Mitte
Pfeffer und Salz der Erde | 110

52___ Das Haus Müller | Mitte
Die erste Dr.-Oetker-Versuchsküche | 112

53___ Das Historische Museum | Mitte
Industriegeschichte der Leineweberstadt | 114

54___ Der Hochbunker Nr. 7 | Mitte
Architektur-Highlight aus Kupfer und Beton | 116

55___ Das Kachelhaus | Mitte
Von der Provokation zur Restauration | 118

56___ Die Kamera | Mitte
Ausgezeichnete Filmkunst | 120

57___ Das KAMP | Mitte
Hier war schon der Uropa jung | 122

58___ Die Kasematten | Mitte
Nichts für Klaustrophobiker! | 124

59__ Der Kesselbrink | Mitte
Wo einst das Vieh graste | 126

60__ Klötzer Delikatessen | Mitte
Wo der Gaumen lacht | 128

61__ Das Krankenhausmuseum | Mitte
Pflege und Medizin anno dazumal | 130

62__ Der Kunstraum Rampe | Mitte
Kunst in der Wäscherei | 132

63__ Das Lenkwerk | Mitte
Motoren einer Bewegung | 134

64__ Das Lichtwerk | Mitte
Arthouse-Kino mit Niveau | 136

65__ Das MAFA | Mitte
Von Leiden und Leidenschaft | 138

66__ Die Marionettenwerkstatt | Mitte
Wo Angie am seidenen Faden hängt | 140

67__ Das Museum Wäschefabrik | Mitte
Aus dem Dornröschenschlaf erlöst | 142

68__ Das namu | Mitte
Auf Zeitreise in die Zukunft | 144

69__ Die Neustädter Marienkirche | Mitte
Der Stifter und die Tugenden | 146

70__ Das Neustädter Viertel | Mitte
Quartier mit kreativer Ader | 148

71__ Die Niekamp Theater Company | Mitte
Puppen, Theater und noch viel mehr | 150

72__ Der Ostmannturm | Mitte
Vom Wasserturm zum Wohnheim | 152

73__ Das partikel | Mitte
Solides Handwerk trifft innovatives Design | 154

74__ Die Radrennbahn | Mitte
Als Bielefeld Radsporthochburg war | 156

75__ Die Reste der Stadtmauer | Mitte
Relikte der einstigen Doppelstadt | 158

76__ Der Ringlokschuppen | Mitte
Eventlocation mit Industriecharme | 160

77__ Die rollende Kirchenbank | Mitte
Ein Ort zum Reden | 162

78__ Das Ruempelstilzchen | Mitte
Vintage trifft Design | 164

79___ Die S. Baumgarte Galerie | Mitte
Moderne Kunst im Großformat | 166

80___ Der Schinkel-Pavillon | Mitte
Ein Umzug als letzte Rettung | 168

81___ Der Siggi | Mitte
Herzstück der westlichen Innenstadt | 170

82___ Der Skulpturenpark | Mitte
Grüne Ergänzung zur Kunsthalle | 172

83___ Der Speicher 1 | Mitte
Klettern im Kornspeicher | 174

84___ Die Stadtbahn | Mitte
Kann oben wie unten | 176

85___ Das Stadtmodell | Mitte
Historie im Kleinformat | 178

86___ Die Supertram | Mitte
Ein Getränkewagen für den Siggi | 180

87___ Das Theater Bielefeld | Mitte
Zwei Häuser voller Kultur | 182

88___ Das Tor 6 Theaterhaus | Mitte
Heimat des Theaterlabors | 184

89___ Das Vahle | Mitte
… ist Einmalig und Anders | 186

90___ Die Weiße Villa | Mitte
Modernes Design in Bewegung | 188

91___ Das Welthaus | Mitte
Voller Einsatz für Solidarität und Entwicklung | 190

92___ Der Wendtsche Hof | Mitte
Alter Adel in der Altstadt | 192

93___ Die Wilde Liga | Mitte
HAB Mitleid bis Hirnverband | 194

94___ Die zwitschernden Bäume | Mitte
… haben viel zu erzählen | 196

95___ Der alte Dorfkern | Schildesche
Gemütliches Flair an der Stiftskirche | 198

96___ Die Laborschule | Schildesche
Lernen (er-)lernen | 200

97___ Der Obersee | Schildesche
Eine Talsperre als Naherholungsgebiet | 202

98___ Der Seekrug | Schildesche
Vom Pickertdiplom zur Beachparty | 204

99 Die Weintaverne | Schildesche
Klein und sehr fein | 206

100 Die Alte Kapelle | Senne
Schmuckstück des Sennefriedhofs | 208

101 Der Buschkamp | Senne
Gastlichkeit seit über 350 Jahren | 210

102 Der Flugplatz Bielefeld | Senne
Mitfluggelegenheiten für jedermann | 212

103 Die Osthusschule | Senne
Zeitreise mit Schiefertafel und Rohrstock | 214

104 Die Rieselfelder Windel | Senne
Kläranlage wird Naturschutzprojekt | 216

105 Das Bullerbachtal | Sennestadt
Grüner Gürtel durch Sennestadt | 218

106 Die geplante Stadt | Sennestadt
Wie die Adern eines Blattes | 220

107 Die Mordsteine | Sennestadt
Familientragödie anno 1660 | 222

108 Der Skulpturenpfad | Sennestadt
Kunst an jeder Ecke | 224

109 Der Eiserne Anton | Stieghorst
Bismarckturm aus Stahl | 226

110 Der Römische Wachposten | Stieghorst
Wälle und Schuhnägel | 228

111 Die Volkssternwarte Ubbedissen | Stieghorst
Astronomie für alle | 230

1 Christinen-Brunnen

Einzig wahres Reinheitsgebot

Was Bio-Fleisch oder Bio-Gemüse ausmacht, ist hinlänglich bekannt. Auch ökologisch zertifizierte Textilien oder Naturkosmetik sind mittlerweile weit verbreitet. Was aber macht ein Mineralwasser zum Bio-Wasser? Müsste nicht jedes Wasser bio sein, da es naturbelassen aus einer Quelle oder einem Brunnen gewonnen wird? Keineswegs, denn gerade bei Wasser gibt es enorme qualitative und inhaltliche Unterschiede. Wasser ist eben mehr als die Verbindung von zwei Wasserstoffatomen mit Sauerstoff. In jedem Wasser sind unterschiedliche Stoffe in verschiedener Konzentration enthalten. Damit ein Wasser als natürliches Mineralwasser bezeichnet werden darf, muss es von ursprünglicher Reinheit sein. Es ist übrigens das einzige deutsche Lebensmittel, das einer amtlichen Anerkennung bedarf.

Ein Bio-Mineralwasser muss die Qualitäts- und Reinheitskriterien der gleichnamigen Qualitätsgemeinschaft erfüllen, die noch strenger sind als die geltenden Grenzwerte für herkömmliches Mineralwasser. Zudem muss es gesundheitsfördernde Eigenschaften besitzen. So wie das Christinen-Wasser. Aus über 400 Metern Tiefe am Fuß des Teutoburger Waldes geschöpft, ist es vor jeglichen schädlichen Oberflächeneinflüssen geschützt. Dann wird es mit hochwertiger natürlicher Kohlensäure versetzt.

Damit es wirklich bio ist, wird auch im gesamten Entnahme- und Abfüllprozess auf Nachhaltigkeit und hohe soziale Standards geachtet.

Was das genau bedeutet, wie aus Regenwasser Mineralwasser wird und wie dieses aus dem unterirdischen Reservoir in die Flasche gelangt, kann man sich bei einer zweistündigen Betriebsführung erklären lassen. Man kann sich als Gruppe anmelden oder sich einer solchen anschließen. Dann darf man hinter die Kulissen blicken und erfährt auch, dass das Christinen-Wasser rund 24.000 Jahre lang durch verschiedene Erdschichten sickern muss, bis es seine Mineralisation erhalten hat.

Adresse Brockhagener Straße 200, 33649 Bielefeld, www.christinen.de | **ÖPNV** Bus 87, 95 oder 128, Haltestelle Christinenbrunnen | **Öffnungszeiten** Betriebsführungen nach Absprache unter Tel. 0521/556140 | **Tipp** Nicht weit entfernt liegt der Bürgerpark Ummeln, die grüne Seele dieses Brackweder Ortsteils.

2 Die Finnbahn

... soll Quelle in Bewegung versetzen

Bewegung ist gesund. Insbesondere Joggen oder Gehen trainieren den ganzen Körper und lassen sich recht einfach und von jedermann betreiben, ohne teure und sperrige Sportgeräte erwerben zu müssen.

Zu mehr sportlicher Dynamik sollten die Bewohner des Stadtteils Quelle animiert werden, als 2006 die Idee entstand, eine sogenannte Finnbahn in Quelle zu errichten. Eine Finnbahn oder auch Finnenbahn ist eine spezielle Laufstrecke, deren Untergrund mit Hackschnitzeln oder Rindenmulch ausgelegt ist. Auf diese Weise federt sie beim Laufen angenehm Stöße ab, die sonst auf den Gelenken lasten. Die Idee dazu stammt – natürlich – aus Finnland. Mittlerweile gibt es solche Bahnen aber immer häufiger auch hierzulande. In Bielefeld ist auch an der Universität eine solche Laufstrecke zu finden.

In Quelle war es der Verein der Queller Gemeinschaft, ein Zusammenschluss von Privaten, Geschäftsleuten und Vereinen, der das Projekt zur Einrichtung einer Finnbahn ins Leben rief. Anlass war das anstehende 25-jährige Jubiläum des im Jahr 1981 gegründeten Vereins. Statt einer großen Feier wollte die Gemeinschaft etwas schaffen, was für die Bewohner des Ortsteils dauerhaft von Nutzen sein würde. Eine zentral gelegene Freifläche, die der Oberflächenwasserversickerung diente und daher weder bebaut noch versiegelt werden sollte, war dafür ideal. Für jedermann schnell erreichbar, sollte sie möglichst viele Menschen animieren, sportlich aktiv zu werden.

Mit viel ehrenamtlichem Engagement, an dem sich auch eine Gartenbaufirma beteiligte, wurde zwei Jahre am Bau gearbeitet. Im September 2008 konnte die gut 700 Meter lange Bahn, die zur Nutzung in den Morgen- und Abendstunden mit einer Beleuchtung ausgestattet wurde, endlich eröffnet werden. Seither nutzen nicht nur Jogger oder Nordic Walker die Strecke gern, sondern auch Schulen für den Sportunterricht im Freien.

Adresse Carl-Severing-Straße, Ecke Borgsen-Allee, 33649 Bielefeld, www.queller-finnbahn.de | **ÖPNV** Bus 22, 88 und 121, Haltestelle Ottostraße | **Tipp** Wer nach seinen Runden auf der Finnbahn eine Stärkung braucht, muss nur der angrenzenden Alleestraße zum Biohof Bobbert (Alleestraße 3) folgen.

3 Die Hünenburg-Aussicht

Über die Teutoburger Baumwipfel

Südwestlich des Bielefelder Stadtkerns liegt der Hünenberg – schon von Weitem gut erkennbar durch den Fernsehturm, der aus den Baumwipfeln herausragt. Die Bergkuppe erhielt ihren Namen von der Hünenburg, einer Burganlage, die hier um 200 vor Christus gestanden hat. Es handelte sich dabei wohl um eine Fluchtburg, die nicht dauerhaft bewohnt wurde, sondern als Zufluchtsort in Kriegszeiten gedient hat. Die Reste der Anlage, die sich in der Nähe des Fernmeldeturms befunden hat, sind durch die weitgehend abgetragenen Wälle nur noch schwer erkennbar.

Bereits im 19. Jahrhundert wurde der Bergkuppe auf dem Hauptkamm des Teutoburger Waldes ein markanter Turm als Aussichtspunkt aufgesetzt. Der Grundstein dafür wurde 1888 gelegt, um an das Dreikaiserjahr zu erinnern. Der Bau wurde ausschließlich aus privaten Spenden finanziert und konnte im Jahr 1894 feierlich im Beisein von rund 10.000 Bürgern eingeweiht werden. Doch schon knapp 60 Jahre später wurde er wieder abgerissen, zugunsten eines Fernmeldeturms der Bundespost. Seine Betriebsdauer jedoch fiel noch kürzer aus – nach nur 30 Jahren wurde er 1972 durch den noch heute genutzten Turm abgelöst. Aber er durfte immerhin stehen bleiben. Nach teilweisem Rückbau dient er als Aussichtsturm und bietet einen grandiosen Blick auf den neuen Fernsehturm, auf Bielefeld, das benachbarte Halle, den Teutoburger Wald und darüber hinaus. Im Inneren zeigen alte Fotografien und Zeichnungen, wie es in früheren Zeiten hier ausgesehen hat.

Ein Besuch des Hünenbergs lässt sich wunderbar mit einer Wanderung durch den Teutoburger Wald verbinden. Oder man startet direkt vom Bielefelder Zentrum aus einen gut einstündigen Spaziergang bis zur Bergkuppe. Es gibt zwar keine Ausflugsgastronomie mehr, wie zu früheren Zeiten, jedoch einen kleinen Kiosk im Aussichtsturm, sodass man sich vor dem Rückweg noch erfrischen kann.

Adresse Hünenburgstraße, 33649 Bielefeld | ÖPNV Bus 121, Haltestelle Lunastraße, Weg gegenüber Fortunaweg nehmen | Öffnungszeiten Sa 13–17 Uhr, So und Feiertage 11–18 Uhr, an Regentagen geschlossen | Tipp Wer gern etwas schneller als zu Fuß unterwegs ist, kann auf der Kartbahn B 68 (Osnabrücker Straße 157) in kleinen Flitzern Gas geben.

4 Die Lutterquelle

Ursprung des doppelten Flusses

Wenn man in Bielefeld von der Lutter spricht, muss man stets dazusagen, welche Lutter gemeint ist. Die Ems-Lutter – auch Gütersloher Lutter genannt –, die, wie der Name schon sagt, durch Gütersloh fließt und bei Harsewinkel in die Ems mündet. Oder aber die Weser-Lutter, die größtenteils verrohrt durch das Bielefelder Stadtgebiet fließt, weshalb sie auch Bielefelder Lutter genannt wird. Noch im Bielefelder Ortsteil Milse vereinigt sie sich mit dem Johannisbach, der im weiteren Verlauf Aa heißt und über die Werre in die Weser mündet. Der Ursprung beider Flüsse ist allerdings derselbe – beide entspringen der Lutterquelle im Brackweder Stadtteil Quelle.

Von der Osnabrücker Straße aus biegt man vor der Fußgängerunterführung, die unter dem Ostwestfalendamm hindurchführt, links auf einen kleinen Pfad ab. Dieser führt in ein kleines Wäldchen und direkt auf die Lutterquelle zu. Von hier aus nimmt das Wasser seinen natürlichen Weg nach Südwesten Richtung Ems. Dass ein Teil davon nach Nordosten fließt, ist nicht nur höchst ungewöhnlich, sondern vollkommen unnatürlich: Im 15. Jahrhundert wurde ein Teil der Quellen durch die Stadt geleitet, vorbei an der Sparrenburg. Auf diese Weise konnte die im Stadtgebiet herrschende Wasserknappheit beseitigt werden.

Andernorts wurde diese Maßnahme jedoch nicht sehr begeistert aufgenommen: Die Mönche im Kloster Marienfeld, das nahe der Ems-Mündung liegt, bemerkten schnell, dass ihnen jemand das Wasser abgegraben hatte, das sie für ihre Fischteiche benötigten. Ihr Protest verhallte jedoch ungehört. Die Lutter floss fortan durch Bielefeld, was in den folgenden Jahrhunderten die Ansiedlung mehrerer Bleichen ermöglichte, die das Wasser zur Textilveredelung benötigten. Somit war die Umleitung der Lutter fast schon so etwas wie die Grundsteinlegung zum Aufstieg Bielefelds zur erfolgreichen Textil-Industriestadt.

Adresse Nähe Osnabrücker Straße 49, 33649 Bielefeld | ÖPNV Bus 121, Haltestelle Ferdinandstraße | Tipp In der schönen Atmosphäre des Fachwerkhauses von 1492 auf dem Schlichte Hof (Osnabrücker Straße 100) lässt es sich hervorragend speisen.

5__Das Medienarchiv

Eine Schatzkammer voller Filmrollen

Mit der Gründung eines Schulfilmclubs durch Frank Becker fing 1975 alles an: Der damals 15-jährige Schüler konnte von der 20th Century Fox of Germany einige Ausgaben der »Tönenden Wochenschau« auf Schmalfilmrollen erwerben. Mittlerweile sind daraus rund 100.000 Filmrollen geworden, die sich im Medienarchiv Bielefeld der Frank-Becker-Stiftung befinden. Dazwischen liegen eine Karriere als Aushilfsfilmvorführer in Bielefelder Kinos, der Aufbau eines Filmproduktionsstudios und die Gründung von drei kommunalen Kinos in Bielefeld und Umgebung. All das geschah in der Freizeit Frank Beckers, denn der gelernte Industriekaufmann ist seit 1992 Inhaber eines Papier-Fachgeschäfts in Brackwede, dessen Keller anfänglich das Archiv beherbergte. Heute jedoch ist er längst zu klein dafür geworden.

Becker knüpfte schon in jungen Jahren Kontakte zu großen Filmproduktionsfirmen, sodass er seinen Filmbestand schnell ausbauen konnte. Durch seine Kompetenz in der Restaurierung von Filmmaterialien konnte er historische Filme aus den 1920er Jahren wiederherstellen und der Öffentlichkeit zugänglich machen. Dadurch wurde sein privater Filmbestand zu einer in Fachkreisen angesehenen Institution, der Privatleute ihre Sammlungen hinterließen und der Archive von Filmgesellschaften übertragen wurden. 2011 überführte Becker seine Sammlung in eine Stiftung, die durch ehrenamtliche Mitarbeiter getragen wird.

Das Medienarchiv ist immer dann die erste Anlaufstelle für Fernsehredakteure, wenn für Berichte oder Dokumentationen historisches Filmmaterial benötig wird, das in den Archiven der Rundfunkanstalten nicht mehr vorhanden ist. Auch bei Kinoproduktionen ist Frank Becker gelegentlich mit seinem Fachwissen gefragt. Es kommen aber auch Privatleute ins Archiv, um sich beispielsweise eine bestimmte Ausgabe der Wochenschau als ganz besonderes Geburtstagsgeschenk digitalisieren zu lassen.

Adresse Hauptstraße 94, 33647 Bielefeld, www.medienarchiv-bielefeld.de | **ÖPNV** Stadtbahn 1, 12, 18 oder Bus 28, 36, 121, 123, 128, Haltestelle Normannenstraße | **Öffnungszeiten** auf Anfrage unter Tel. 0521/442489 oder info@medienarchiv-bielefeld.de | **Tipp** Beeindruckend ist die Bartholomäuskirche von Brackwede (Kirchweg 10), die 1892 als Kreuzkirche im neugotischen Stil errichtet wurde.

6__Das Naturbad

Ein Sandstrand für Bielefeld

Im Sommer mal einen schönen Strandtag einlegen. Dafür muss man in Bielefeld nur nach Brackwede fahren. Im hiesigen Naturbad kann man sein Handtuch am Sandstrand aufschlagen oder es sich ganz nach Nord- und Ostseemanier im Strandkorb gemütlich machen. Lediglich das Salz im Wasser fehlt. Dafür ist es zugleich aber auch frei von Chlor oder sonstigen Chemikalien. Das Brackweder Freibad wurde nämlich nach 80 Betriebsjahren zum Naturbad umgestaltet. Seither sind es Binsen und Schilf sowie Sand und Kies, die das Wasser reinigen und filtern. Aus dem Schwimmbecken abgepumpt, wird es durch eine Sprühanlage über dem Reinigungsbecken verteilt und durchfließt dort die natürlichen Filtermaterialien. Glasklar und frisch wird es anschließend zurückgeleitet. Gespeist wird das Schwimmbad übrigens mit Wasser aus der Ems-Lutter, die nur wenige hundert Meter entfernt entspringt.

Als das Freibad Brackwede 1926 eröffnet wurde, zeichnete es sich besonders durch seine schöne Lage – umrandet von dichtem Laub- und Nadelwald –, durch das 3.000 Quadratmeter große Nichtschwimmerbecken sowie seinen Sandstrand aus. In den 1940er Jahren verschwand der Sand, und Beton hielt Einzug. Als das Freibad in den 1990er Jahren aufgrund betriebswirtschaftlicher Defizite geschlossen werden sollte, engagierten sich die Bürger und retteten ihr Freibad mit Hilfe von Sponsoren und ehrenamtlicher Arbeit. Seit 2006 erfolgte die Umgestaltung zum Naturbad – und die Bielefelder erhielten ihren Sandstrand zurück.

Für die Besucher ist die neue Technik ein absoluter Qualitätsgewinn. Schließlich können sie auf brennende Augen oder Hautprobleme gern verzichten. Das genießen besonders Familien mit kleinen Kindern, die wegen der abwechslungsreichen Spielbereiche und Nichtschwimmerbecken ins Naturbad kommen. Mit großzügigen Liegewiesen und dem alten Baumbestand ist die Anlage ohnehin ein kleines Idyll.

Adresse Osnabrücker Straße 63a, 33649 Bielefeld, www.naturbad-brackwede.de | ÖPNV Bus 22, 88 und 121, Haltestelle Marienfelder Straße | Öffnungszeiten Mitte/Ende Mai–Anfang/Mitte Sept. Mo–Fr 12–19 Uhr, Sa, So 10–19 Uhr; Schulferien Mo–So 10–19 Uhr | Tipp Im Brackweder Ortskern, rund um den Bartholomäus-Kirchplatz und den Marktplatz, findet Ende August der jährliche Schweinemarkt statt. Es handelt sich um eine traditionelle Kirmes mit unterschiedlichsten Attraktionen.

7 Niemöllers Mühle

Klappert noch immer am rauschenden Bach

Am südwestlichen Stadtrand Bielefelds liegt die historische Wassermühle Niemöller, deren Mühlrad durch die Lutter angetrieben wird. Genauer gesagt wird das Flüsschen hier zu einem Mühlenteich aufgestaut, durch dessen Abfluss der Antrieb des Wasserrads gesteuert werden kann. So war es schon vor über 450 Jahren, als die Mühle erstmals urkundlich erwähnt wurde, und so ist es noch heute. Denn die Mühle ist noch beziehungsweise wieder in Betrieb. Im Sommerhalbjahr dreht sich das Mühlrad jeden Monat ein Wochenende lang für Mahlvorführungen. An den Mahltagen wird im benachbarten Backhaus zugleich auch leckeres Brot aus Bio-Mehl gebacken.

Vor 450 Jahren war das noch anders. Johan Niemolner, damaliger Besitzer der Mühle, hat den Mahlstein sicher weitaus häufiger angeworfen. Schließlich musste er von der Mehlproduktion seinen Lebensunterhalt bestreiten. Das Mehl wurde dann aber von seinen Abnehmern weiterverarbeitet. Im 18. Jahrhundert erhielt die Anlage den Status einer königlich preußischen Mühle, Betreiber war Bauer Niemöller. Die Bauern aus der Umgebung mussten hier ihr Korn mahlen. Bis in die 1950er Jahre betrieben die Niemöllers, zuletzt August Niemöller, ihre Mühle. 30 Jahre später erwarb die Stadt Bielefeld die Hofanlage. Die Gebäude verfielen zusehends, bis der Queller Stadtteilverein sich ihrer annahm.

Die engagierten Bürger entrümpelten und restaurierten die Mühle mit Hilfe des Handwerkerbildungszentrums Brackwede. Durch den Verkauf von »Mühlen-Aktien« schufen sie einen finanziellen Grundstock für einen Förderverein. Dieser konnte 1991 gegründet werden und die Technik samt Mahlwerke aus einer anderen Wassermühle ankaufen. 1994 wurde Niemöllers Mühle endlich wieder in Betrieb genommen und hält seither das alte Müllerhandwerk lebendig. Auf dem Dachboden ist eine Ausstellungsfläche für regionale Künstler und Handwerker entstanden.

Adresse Niemöllershof 9, 33649 Bielefeld, www.niemoellers-muehle.de | **ÖPNV** Bus 87 und 128, Haltestelle Heidekamp | **Öffnungszeiten** Mühlenwochenenden gemäß Website | **Tipp** Im Winter lädt die nahe gelegene Oetker-Eisbahn (Duisburger Straße 8) dazu ein, sportlich aktiv zu werden.

8 Das Café im Circuswagen

Vom Wohnwagen zum Speisewaggon

Die wohl originellste Location für ein Café findet man abseits der Hauptstraßen auf dem etwas versteckt liegenden Köckerhof. Auf dem Bioland-Betrieb mit Hofladen, den Martina und Jochen Meyer zu Müdehorst betreiben, hat nämlich seit 2009 ein Zirkuswagen seinen Dauerstandort gefunden. Seitdem ist darin ein Hofcafé eingezogen, in dem die Gäste mit leckerem Frühstück sowie selbst gebackenem Kuchen oder frischen Waffeln verwöhnt werden. Selbstverständlich alles in Bio-Qualität – wann immer es geht, aus eigener Landwirtschaft. Auch eine vegane Frühstücksvariante wird angeboten.

Ursprünglich war der »Circuswagen« 1987 für eine Schaustellerfamilie in der damaligen DDR gebaut worden. Mit Küche, Bad, Wohn- und Schlafzimmer ausgestattet, diente er der Familie als Wohnung, während sie von Rummel zu Rummel zog. Das Mobiliar mit maßgefertigten Eichenmöbeln war noch vollständig vorhanden, als der Wagen zur heutigen Besitzerin und Caféinhaberin Elisa Christen kam. Die Einrichtung im DDR-Flair musste weichen, der Charakter des Wagens sollte jedoch erhalten bleiben. So sind die Schindelverkleidungen an Wänden und Decke geblieben, Sitzbänke und Tische wurden aus passendem Holz gefertigt. Fast könnte man meinen, man säße im Speisewaggon einer Nostalgie-Bahn. Die Plätze sind in einem solchen Wagen naturgemäß begrenzt. Aber wenn man in den Sommermonaten kommt, kann man auch an einem der Tische im Hof Platz nehmen. Von hier aus hat man einen schönen Blick auf den Wagen und sitzt gemütlich unter dem Blätterdach eines alten Baumes.

Idealerweise sollte man den Cafébesuch mit einem Einkauf im Hofladen des Köckerhofs verbinden. Der ist so reichhaltig ausgestattet, dass er auf zwei Hofgebäude aufgeteilt wurde. Im einen Teil befindet sich ein Naturkostsortiment mit Frischetheken. Im Gebäude gegenüber werden Obst und Gemüse verkauft – zum großen Teil aus eigenem Anbau.

Adresse Babenhauserstraße 30, 33619 Bielefeld, www.cafe-im-circuswagen.de | ÖPNV Bus 57, 58, 158, Haltestelle Bültmannskrug | Öffnungszeiten Di–Sa 9–18 Uhr | Tipp Wer von schönen Hofläden nicht genug bekommen kann, sollte auch auf dem Hof Meyer zu Drewer (Babenhauser Straße 136) vorbeischauen. Hier ist man insbesondere auf den nachhaltigen Anbau von Tomaten sowie schönen Beet- und Balkonblumen spezialisiert.

9 Die Heilig-Geist-Kirche

Ein außergewöhnliches Gotteshaus

Die Sankt-Peter-Kirche in Kirchdornberg ist nicht nur eines der ältesten Bauwerke des Stadtbezirks Dornberg, sondern ganz Bielefelds. In Dornberg steht jedoch zugleich auch eines der jüngsten Kirchengebäude Bielefelds: die Heilig-Geist-Kirche in Großdornberg. Mit ihrem achteckigen Kirchenschiff besitzt sie eine außergewöhnliche Architektur, die gleichzeitig aber nicht zu abgehoben und modern wirkt.

Im Gegenteil: Der oktogonale Grundriss lässt eine schöne Innenraumgestaltung zu. So konnte der aus weißem Kalksandstein gestaltete Altar mittig auf einer »Altarinsel« platziert werden. Die Kirchenbänke sind um ihn herum im Halbkreis angeordnet. Die umlaufenden Buntglasfenster unterhalb des Gewölbes tauchen den gesamten Kirchenraum in ein warmes Licht. Eine außergewöhnliche Form besitzt auch das Taufbecken aus rotem Marmor: Es ist quadratisch und wurde an den Ecken mit kleinen Bronzegüssen verziert, die biblische Szenen darstellen. Die weiteren Gebäude des Kirchenkomplexes – der frei stehende Glockenturm, die Sakristei, das Pfarrhaus sowie das Pfarrheim – wurden so angeordnet, dass sie zusammen mit der Kirche einen Innenhof umschließen. In den Sommermonaten ist hier Raum für das Sonntagscafé der Gemeinde.

Die Heilig-Geist-Kirche gehört zur katholischen Gemeinde in Dornberg im ansonsten eher protestantisch geprägten Bielefeld. Mit der Entstehung der Siedlung Wellensieck, der ersten Siedlung im Stadtbezirk, begann die Gemeinde 1939 mit dem Bau ihrer ersten Kirche, die nach einer Unterbrechung während des Krieges 1944 fertiggestellt wurde. Nach dem Krieg wuchs die Zahl der Katholiken durch die Aufnahme von Vertriebenen stark an, sodass in den 1960er Jahren eine zweite Kirche in Uerentrup gebaut wurde. Doch auch in Zeiten, in denen andernorts Kirchengemeinden zusammengelegt wurden, wuchs die katholische Gemeinde weiter. So wurde 1991 das neue Kirchengebäude errichtet.

Adresse Spandauer Allee 48, 33619 Bielefeld, www.heilig-geist-gemeinde-bielefeld.de | **ÖPNV** Bus 58, Haltestelle Kladower Weg | **Öffnungszeiten** zum Gottesdienst am Sonntag | **Tipp** Die Kirche grenzt direkt an den Dornberger Auenpark an, der von einem Bach durchflossen wird und kleine Waldstücke umfasst.

10 Der Hof Meyer zu Müdehorst

Fromme Frauen und famoser Kuchen

Um ein richtig schönes Landcafé zu besuchen, muss man in Bielefeld das Stadtgebiet gar nicht verlassen. Ortsteile wie Schröttinghausen, die erst 1973 in die Großstadt eingemeindet wurden, muten auch heute noch typisch ländlich an. So findet man hier auch noch Höfe wie Meyer zu Müdehorst; der Hingucker ist das prächtige Fachwerkhaus von 1791. Im Inneren beherbergt es ein liebevoll ausgestattetes Café. Aufgrund seiner Lage lädt es insbesondere Radler und Wanderer zu einer Pause bei selbst gebackenen Torten und Kuchen oder herzhaften Schnittchentellern ein. Auch für Feste steht die ausgebaute Deele zur Verfügung und versprüht einen besonderen Charme. Im Sommer sitzt man natürlich auf der herrlich luftigen Terrasse.

Der Hof selbst gehört übrigens zu den ältesten in ganz Bielefeld. Schließlich wurde er schon zu Zeiten Karls des Großen erwähnt. 789 gründete Waltger, ein sächsischer Edelherr, auf dem Hof ein Kloster. Die Gründung fiel in jene Zeit, in der Sachsenherzog Widukind seinen Kampf gegen die Franken aufgegeben hatte und fortan die Christianisierung in Sachsen vorangetrieben wurde. Auch wenn nicht alle Belege vorhanden sind, wird vermutet, dass Müdehorst das erste Frauenkloster im sächsischen Raum war. Leider hatte es nicht lange Bestand und wurde schon bald nach Herford verlegt.

Auch wenn nichts mehr von den fast fertiggestellten Klostergebäuden erhalten blieb, konnten 1949 dennoch die Fundamente der zugehörigen Kirche vorübergehend freigelegt werden. Sie sind als Bodendenkmal geschützt und liegen rund 700 Meter vom heutigen Hof entfernt. Da man sie leider nicht sehen kann, bleiben nur der Gedanke daran, auf welch historischem Boden man gerade weilt, und der Blick auf das sichtbare, sehr schöne und ebenfalls denkmalgeschützte Bauernhaus.

Adresse Schröttinghauser Straße 75, 33739 Bielefeld | **ÖPNV** Bus 57, 58 und 158, Haltestelle Pottkamp | **Öffnungszeiten** Mo, So und Feiertage 14–19 Uhr, Sa 14–18 Uhr (geschlossen: Heiligabend bis 1. Februar) | **Tipp** In Schröttinghausen befindet sich nicht nur die kleinste Schule Bielefelds, sondern direkt daneben auch das kleinste Freibad der Stadt (Campingstraße 20).

11 Steffen-Rosen

Natur ist Natur ist Natur

»Rose is a rose is a rose is a rose.« Das berühmte Zitat von Gertrude Stein widerlegt ein Rosengärtner aus Bielefeld eindrucksvoll. Denn seit Pestizide auch im Anbau von Pflanzen an der Tagesordnung sind und die Blumen oftmals unter wenig fairen Bedingungen in Übersee angebaut werden, haben sich nicht nur Haltbarkeit und Aussehen der Rosen verschlechtert. Auch vom Duft der sogenannten Königin der Blumen ist meist nicht mehr viel übrig.

Wie es auch anders geht, erfährt man im Gartenbaubetrieb Steffen, der seit 1971 Spezialist für die dornigen Schönheiten ist. Auf 5.000 Quadratmetern wachsen rund 40.000 Rosenstöcke in 50 verschiedenen Sorten.

Dass Rose nicht gleich Rose ist, beweist das Team von Joachim Steffen, der das Unternehmen in zweiter Generation führt, aber nicht nur durch die Farben- und Variantenvielfalt der Blüten. Durch den Anbau unter integriert-biologischen Bedingungen und den Einsatz von natürlichen Pflanzenschutzmitteln sowie nützlichen Insekten wird die Chemiekeule bei Steffen-Rosen auf ein Minimum reduziert. Die Rosen werden nur dann angebaut, wenn die Jahreszeit es zulässt, mit viel Liebe gehegt und gepflegt und anschließend von Hand sortiert. Das Ergebnis sind wunderschöne Blüten, die leicht duften und reich an unversehrten Blättern sind. Daher werden die Rosensträuße bei Steffen ohne zusätzliches Grün oder sonstigen Schnickschnack gebunden. Die Rosen entfalten hier pur ihre volle Wirkung. Da sie keine langen Transportwege hinter sich haben, sind sie so frisch, dass sie bei guter Pflege bis zu drei Wochen in der Vase halten. Kein Wunder, dass die Bielefelder Rosen weit über die Grenzen der Stadt bekannt sind.

Nur im Winter müssen Rosenliebhaber rund drei Monate auf ihre blühenden Schätze verzichten. Dann halten die Stöcke ihren Winterschlaf und regenerieren sich. Als Ersatz dienen Tulpen oder andere Winterblumen.

Adresse Kampheide 11a, 33619 Bielefeld, www.steffen-rosen.de | **ÖPNV** Bus 58, Haltestelle Kampheide | **Öffnungszeiten** Mo–Fr 8–18 Uhr, Sa 8–13 Uhr | **Tipp** Einen kleinen Fußmarsch entfernt, im benachbarten Werther, liegt das Peter-August-Böckstiegel-Haus (Schloßstraße 111), in dem das Leben und Werk des Künstlers gezeigt wird.

12 Das Bauernhausmuseum

Auferstanden aus Ruinen

Freilichtmuseen gibt es viele. Doch nur wenige sind so alt wie das in Bielefeld. Der Historische Verein für die Grafschaft Ravensberg trat bereits 1907 mit der Idee, ein Bauernhausmuseum zu errichten, an die Stadt Bielefeld heran. 1914 fand er endlich Gehör, und der Rat beschloss, das Bauernhausmuseum als volkskundliche Außenstelle des Stadtmuseums einzurichten. Dann begann der Erste Weltkrieg, doch die Bielefelder hielten an den Museumsplänen fest und versetzten das Haupthaus des Hofes Meier zu Ummeln auf die Bielefelder Ochsenheide, die als Standort für das Museum ausgewählt worden war. Bereits im Juni 1915 war das eindrucksvolle Gebäude vollständig wieder aufgebaut. Danach dauerte es zwei Jahre, das Museum einzurichten. Die feierliche Eröffnung am 6. Juni 1917 war für die Bielefelder eine kurze sorgenfreie Auszeit während der Kriegsjahre.

Im Laufe der Jahrzehnte kamen weitere Häuser zur Museumsanlage hinzu: die Bokemühle, der Spieker, die Bockwindmühle, das Backhaus und das Bienenhaus. Einzig der Kotten Olderdissen hatte hier auch seinen Ursprungsstandort. Doch 1995 kam die Katastrophe: Das Haupthaus brannte nieder, und das Feuer erfasste auch den Dachstuhl des benachbarten Spiekers. Die Bielefelder waren traurig und entsetzt, ihr beliebtes Museum verloren zu haben. Kinder kamen sogar, um ihr Taschengeld für den Wiederaufbau zu spenden. Glücklicherweise wurde schon bald adäquater Ersatz für das Haupthaus gefunden: Im Freilichtmuseum Detmold lagerte das 1974 in Rödinghausen abgebaute Haupthaus des Hofes Möllering. 1998 wurde es auf der Ochsenheide aufgebaut, zusammen mit einer Scheune, die ebenfalls aus Rödinghausen stammte.

Das Bauernhausmuseum ist seitdem wieder vollständig und bei den Bielefeldern weiterhin sehr beliebt. Ein Grund ist das vielfältige museumspädagogische Programm – nicht nur für Kinder, sondern auch für Erwachsene –, das seinesgleichen sucht.

Adresse Dornberger Straße 82, 33619 Bielefeld, www.bielefelder-bauernhausmuseum.de | **ÖPNV** Bus 24, Haltestelle Bauernhausmuseum | **Öffnungszeiten** Feb.–1. Advent Di–Fr 10–18 Uhr, Sa, So und Feiertage 11–18 Uhr | **Tipp** Der durch die BKK Gildemeister Seidensticker eingerichtete Nordic Walking Park beginnt an einem Parkplatz in der Wertherstraße (etwa in Höhe des Zentrums für Interdisziplinäre Forschung) und führt auch am Bauernhausmuseum vorbei.

13 Der Botanische Garten

Kleinod in sattem Grün und leuchtenden Farben

Eigentlich hätte die am Südhang des Teutoburger Waldes gelegene Fläche zur Erweiterung des Johannisfriedhofs genutzt werden sollen. Doch durch die Planungen für den Sennefriedhof kam es nicht dazu. So konnte der damalige Gartenbaudirektor Paul Meyerkamp die brach liegende Fläche 1912 zu einem der ersten städtischen Gärten Bielefelds umgestalten. Zu diesem sollte die Öffentlichkeit jederzeit freien Zugang haben, weswegen auf eine Einfriedung des Geländes verzichtet wurde.

Meyerkamp hatte das Ziel, einen Bürgergarten einzurichten, in dem heimische und fremdländische Pflanzen sowie gärtnerische Zuchtformen dargestellt werden sollten. Auf diese Weise sollte er den Schulen Anschauungsmaterial für den naturkundlichen Unterricht liefern und den Bürgern gleichermaßen als Schau- und Lehrgarten sowie zur Erholung dienen. Diesen Zweck erfüllt der Garten auch heute, nach verschiedenen Umbauten und Erweiterungen.

Zentrum ist nach wie vor das kleine Fachwerkhaus von 1823, das lange Zeit den Leitern des Botanischen Gartens als Wohnsitz diente. Darum herum befinden sich auf dem vier Hektar großen Gelände ein Alpinum, das Pflanzen aus dem Hochgebirge beheimatet, ein Staudengarten, ein Arznei- und Gewürzgarten, ein Heidegarten und weitere Themengärten. Die Vererbungsregeln der mendelschen Gesetze werden anschaulich durch verschieden gefärbte Eisbegonien dargestellt. Auch in die angrenzenden Waldbereiche erstreckt sich der Botanische Garten – so kommt die Buchenwaldflora genauso wie die prächtigen Rhododendren zur Geltung, die sich im Schutz von Buchen und Eichen entwickeln konnten.

Ganz gleich, ob die Blumenzwiebelwiese und das Primeltal im Frühling, die weiß bis leuchtend rot blühenden Seerosen im Sommer oder die Staudengärten, die eigentlich ständig Saison haben – im Botanischen Garten gibt es immer etwas zu entdecken. Für eine kleine Auszeit lohnt sich der Besuch auf jeden Fall.

Adresse Am Kahlenberg, 33617 Bielefeld, www.botanischer-garten-bielefeld.de | ÖPNV Bus 29, Haltestelle Langenhagen | Tipp Der benachbarte Johannisfriedhof steht unter Denkmalschutz und ist mit seinen historisch und künstlerisch wertvollen Grabmalen ebenfalls sehenswert. Hier wurden viele bekannte Bielefelder Bürger, Fabrikanten und Politiker beigesetzt.

14 Die Gaskugeln

Nahezu einmalig in Deutschland

Am Ortsrand von Bethel, direkt am Eingang zu einem kleinen Waldstück gelegen, erheben sich plötzlich zwei riesige Stahlkugeln. Mit ihrem Industriecharme passen sie nicht so recht in die direkte Umgebung zwischen Pferdeweide und Wald. Dass die beiden schon etwas in die Jahre gekommen sind, sieht man ihnen zwar an, aber genau das macht sie sehens- und schützenswert. Denn insbesondere die größere der beiden Kugeln ist als technisches Denkmal ein echtes Unikat: 1932 wurde sie als erster Gaskugelspeicher in Deutschland gebaut.

Die für die damalige Zeit neue Bauform revolutionierte die Möglichkeiten der Gasspeicherung. Diese kam im 19. Jahrhundert auf, um bei der Förderung und der Abnahme von Gas Bedarfsschwankungen auszugleichen. Zunächst wurden zylindrische Speicher errichtet, die oftmals Gasometer genannt wurden. Während bei diesen nur ein Niederdruck möglich war, erlaubte es die Kugelform, weitaus größere Mengen an Gas bei wesentlich höherem Druck zu speichern. Bis zu 10 Bar waren bei Kugeln mit 40 Metern Durchmesser und dennoch relativ dünner Stahlwand möglich. Später kamen auch Behälter mit dickerer Wandung auf, die einen Druck von bis zu 20 Bar zuließen.

Der erste Kugelgasbehälter in Bielefeld mit seinem Volumen von 4.000 Kubikmeter wurde damals für einen Druck von 5 Bar ausgelegt, was bereits einen großen Sprung im Vergleich zu den vorherigen Bauweisen darstellte. Die Stahlelemente der Kugel wurden aneinandergenietet, was eine weitere Besonderheit dieses Gasbehälters darstellt. Denn außer ihm gibt es weltweit nur noch drei weitere genietete Kugelgasbehälter – in Schwerte, Siegen und Lörrach. Gaskugeln späterer Bauart wurden an den Kanten geschweißt, wodurch ihr Eigengewicht um ein Viertel gesenkt werden konnte. In Bielefeld kann man beide Varianten bestaunen – direkt nebeneinander und wirklich beeindruckend.

Adresse Quellenhofweg 160, 33617 Bielefeld | **ÖPNV** Bus 121, Haltestelle Remterweg | **Tipp** In der Zionskirche (Am Zionswald 6) wird der christliche Gedanke durch das Miteinander von Menschen mit und ohne Behinderung exemplarisch gelebt. Die Gemeindearbeit zeichnet sich durch ihre vielen Musik- und Chorgruppen aus.

15_Der Halleluja-Steinbruch

Natürlich klettern im Teuto

Eigentlich müssten die heutigen Bielefelder Kletterer den früheren Baumeistern danken. Denn auf Letztere ist die Entstehung des größten Bielefelder Steinbruchs zurückzuführen. Halleluja heißt er, was sich von dem oberhalb befindlichen Halleluja-Kreuz ableitet. Um seinen Ursprung ranken sich verschiedene Legenden, von denen keine belegt werden konnte. Die bekannteste geht so: Eine Diakonisse war beim Spaziergang abgerutscht und durch ihre sich fallschirmartig auffaltenden Röcke unverletzt geblieben. Erleichtert soll sie »Halleluja!« ausgerufen und aus Dankbarkeit das Kreuz errichtet haben, das nun seit dem Ende des 19. Jahrhunderts hier steht.

Ein Fakt hingegen: Der Halleluja-Steinbruch ist der größte Steinbruch auf dem Gebiet der Stadt Bielefeld. Deutlich zu erkennen sind die Schichten der Unterkreide, die als Osning-Sandstein bezeichnet werden. Der Osning-Sandstein entstand vor gut 130 Millionen Jahren im flachen Meer durch Sandablagerungen, die sich verfestigten. Durch spätere Auffaltungsprozesse kamen die Sandsteinschichten wieder an die Oberfläche und bilden heute den Gebirgskamm des Teutoburger Waldes. Er besteht aus dicken, zerklüfteten Sandsteinen von hellbrauner, grauer, grünlicher oder rötlicher Farbe, die hauptsächlich aus Milchquarzen gebildet werden. Bis zur Mitte des 20. Jahrhunderts wurde der Osning-Sandstein aus Steinbrüchen im Teutoburger Wald gefördert und sowohl im Kirchenbau als auch für profane Bauten genutzt.

Seit im Halleluja-Steinbruch kein Sandstein mehr abgebaut wird, hat er sich zum beliebten Kletterrevier gewandelt. Hier kann man ganzjährig an den Felsblockwänden bis zu 20 Meter hoch klettern, wobei sich den Sportlern über 70 verschiedene Routen bieten. Auch über die Grenzen Bielefelds hinaus ist der Steinbruch daher als Ausflugsziel beliebt, bietet er doch eine attraktive und natürliche Alternative zu den Indoor-Kletterhallen.

Adresse Bodelschwinghstraße 181 (bei »Haus Salem«), 33647 Bielefeld | ÖPNV Bus 36 oder 121, Haltestelle Haus Salem, vom Pkw-Parkplatz unterhalb des Hauses dem Wanderweg folgen | Tipp Nach einem Spaziergang oder einer Klettertour kann man im nicht weit entfernten italienischen Restaurant Allegro (Bodelschwinghstraße 79) einkehren. Früher unter dem Namen Habichtshöhe bekannt, ist es besonders im Sommer wegen der von Bäumen umgebenen Außenterrasse beliebt.

16 Die Historische Sammlung Bethel

Geschichte eines besonderen Stadtteils

Früher war alles besser. Dass dieser Satz nicht immer stimmt, beweist die Historische Sammlung der von Bodelschwinghschen Stiftungen Bethel. Die Ausstellung zeigt, wie in früheren Zeiten Betreuung, Pflege und Heilungsversuche bei Menschen mit Epilepsie aussahen. Dabei setzt sie sich auf eine ehrliche Weise mit der eigenen Historie auseinander und lässt dabei auch die dunklen Kapitel nicht aus.

Mit der Gründung einer Heil- und Pflegeanstalt für Epileptiker verfolgte die Innere Mission das Ziel, die Lebenssituation von Menschen mit Epilepsie dauerhaft zu verbessern. Als Anstaltsleiter wurde 1867 Pastor Friedrich Simon eingesetzt, und die ersten Bewohner konnten einziehen. Ende 1871 wurde Pastor Friedrich von Bodelschwingh zum neuen Leiter berufen. Er sollte die noch junge Einrichtung während seiner Amtszeit von 1872 bis 1910 entscheidend prägen. Er konnte bereits 1873 ein neues Anstaltsgebäude einweihen, das im Keller Werkstätten beherbergte, um die Bewohner mit sinnvollen Tätigkeiten beschäftigen zu können.

Die Ausstellung zeigt diese Anfänge der Geschichte Bethels genauso wie die weitere Entwicklung, in der die diakonische Einrichtung auf eindrucksvolle Weise zu einer der größten ihrer Art in ganz Deutschland wurde. Sie zeigt zugleich aber auch, welche Methoden man in der Vergangenheit für geeignet hielt, um Menschen mit einer Behinderung zu heilen. Sie lässt dabei die Zeit des Nationalsozialismus nicht aus, in der auch in Bethel Zwangssterilisation und Euthanasie eine Rolle spielten. Ein schwieriges Thema, das nachwirkt, aber umso besser verarbeitet werden kann, wenn man nach der Ausstellung in die Realität zurückkehrt, in der Bethel wieder seine ursprüngliche Vision von größtmöglicher Lebensqualität für viele Menschen verfolgt.

Adresse Kantensiek 9, 33617 Bielefeld, www.bethel.de | **ÖPNV** Stadtbahn 1, 12, 18, Haltestelle Bethel | **Öffnungszeiten** Di – Do 15 – 17 Uhr und nach Vereinbarung unter Tel. 0521/1442024 | **Tipp** Die Neue Schmiede (Handwerkerstraße 7) ist das Kultur- und Freizeitzentrum von Bethel, das eine Gastronomie sowie kulturelle Veranstaltungen bietet.

17_Der Japanische Garten

Landschaftsreise für die Augen

Mittlerweile sind sie auch in Deutschland sehr beliebt. Die kleinen Zen-Gärten, bestehend aus einer flachen Holzkiste, die mit Sand gefüllt ist. Zur Entspannung oder Meditation werden mit einem Rechen feine Linien in den Sand gezeichnet.

Ein paar Nummern größer fällt der sehenswerte Zen-Garten in Gadderbaum aus. Das Holzkistchen wird hier durch eine Mauer ersetzt, statt Sandkörnern werden Kieselsteine mit feinen Linien strukturiert. Doch genau wie die kleinformatigen Vertreter soll auch der Japanische Garten in Bethel der Meditation dienen und ein Ort der Ruhe sein.

Aus diesem Grund ist der nur 750 Quadratmeter große Garten mit einer Mauer eingefasst. Sie soll störende Einflüsse von außen neutralisieren, sodass sich der Betrachter ganz auf die Landschaftsbilder konzentrieren kann, die durch Steine und Pflanzen verbildlicht werden. In Japanischen Gärten nämlich werden Landschaften in idealisierter Form dargestellt, meist Küsten- oder Gebirgslandschaften. Die Kieselflächen mit ihren geschwungenen Linien symbolisieren dabei das Wasser, das die darin liegenden Trittsteine und Grünflächen umfließt. Die Trittsteine sollen den Besucher animieren, eine Reise durch den Garten zu den verschiedenen Landschaftsbildern zu unternehmen. Nicht zu Fuß jedoch, sondern nur mit den Augen. Denn Japanische Gärten werden nicht betreten. Sie sind so angelegt, dass die Bilder von einem Aussichtspodest herab betrachtet werden können. Dabei sollen die Trittsteine das Auge auf dieser Reise führen.

Der Bielefelder Garten wurde 2003 durch die Deutsch-Japanische Gesellschaft Bielefeld nicht ohne Grund am Rande Bethels realisiert. Er wurde anlässlich des »Japan Jahres 1999/2000« und in Erinnerung an den Bethel-Besuch des japanischen Kaiserpaares angelegt, das die vorbildliche Arbeit der von Bodelschwinghschen Stiftungen sehr schätzt.

Adresse Quellenhofweg 125, 33617 Bielefeld, www.djg-bielefeld.de | **ÖPNV** Bus 121, Haltestelle Lindenhof | **Öffnungszeiten** immer zugänglich | **Tipp** Der unterirdisch verrohrte Bohnenbach wurde durch eine große Baumaßnahme an die Oberfläche geholt. Mit dem neu angelegten Bohnenbachpark (Bohnenbachweg) bietet er die Möglichkeit zu schönen Spaziergängen.

18 Das Jostbergkloster

Pilgerstätte für Eremiten

Mitten auf einem Höhenzug des Teutoburger Waldes finden sich die Überreste eines Franziskanerklosters, das dem heiligen Jodokus zu Ehren errichtet worden war. Der inmitten der Natur, abseits der Stadt und der Menschen gelegene Ort hätte passender nicht gewählt werden können. Trug Jodokus doch den Beinamen »der Eremit«. Dass die Mönche zu den Observanten gehörten, also jener Gruppierung der Franziskaner, welche die Regeln der Armut und des Abwendens von den Städten besonders streng praktizierte, erklärt die Klostergründung an dieser Stelle ebenso – wenn auch nur zum Teil.

Denn ursprünglich waren es zwei Gläubige, die im 15. Jahrhundert auf dem Loyckhuserberg – so der frühere Name, bevor er den von Jodokus abgewandelten Namen Jostberg erhielt – eine Wallfahrtsstätte begründeten. Der Legende nach könnte es aber auch ein hier in Not geratener und wundersam geretteter Kaufmann sein, auf den die Pilgerstätte und ein späterer Kapellenbau zurückgehen. Wie auch immer es gewesen sein mag: Das Wallfahrtswesen auf dem Jostberg mündete in den Bau eines Franziskanerklosters, das 1503 bezogen werden konnte. Das Leben in Abgeschiedenheit und voller Entbehrungen, eigentlich oberstes Gebot des Observantenordens, machte den Mönchen jedoch zu schaffen. Besonders der Wassermangel in den Sommermonaten wurde beklagt. So zogen die Franziskaner schon drei Jahre später in die Stadt und errichteten Sankt Jodokus.

Das verwaiste Kloster auf dem Berg verschwand. 1912 immerhin konnten die Fundamente der einschiffigen spätgotischen Klosterkirche freigelegt werden. 1993 erfolgten archäologische Ausgrabungen, doch die Grundmauern der Kirche verfielen zusehends. Erst 2009 wurden sie auf Initiative des Historischen Vereins für die Grafschaft Ravensberg instand gesetzt und gesichert. Dabei wurden zwei Altäre sowie die Lage des Chores rekonstruiert beziehungsweise nachgebildet.

Adresse Nähe Haller Weg, 33617 Bielefeld | **ÖPNV** Bus 29, Haltestelle Schildhof, am Tennisclub vorbei in den Wald, an der Gabelung links halten | **Tipp** Am Ende der Schlingenstraße, die am Jostbergkloster vorbeiführt, liegt das Restaurant Zweischlingen (Osnabrücker Straße 200).

19 Der Kletterpark

Seiltanz zwischen Baumwipfeln

Wer den Nervenkitzel in luftiger Höhe liebt, das Klettern im Felsen oder an einer Kletterwand jedoch zu anstrengend findet, der ist im Kletterpark Bielefeld genau an der richtigen Adresse. Gleich zwei separate Anlagen sorgen hier für ein abwechslungsreiches Freizeitvergnügen.

Zum einen wartet der Waldparcours zwischen den Bäumen auf die Besucher. Hier können Neueinsteiger zunächst einmal auf zwei Trainingsparcours in jeweils einem Meter Höhe die grundlegenden Techniken sowie das Selbstsicherungssystem kennenlernen. Letzteres ist auch beim Übergang zwischen zwei Stationen stets mit dem Parcours verbunden, sodass maximale Sicherheit gewährleistet ist. Die weiteren sechs Parcours steigern sich in der Höhe und dem Schwierigkeitsgrad. Während man in sechs bis sieben Metern Höhe viel Spaß im Hamsterrad oder auf einem Surfbrett hat, muss man in 14 Metern Höhe schon eine ordentliche Portion Mut und Schwindelfreiheit mitbringen. Beim schwarzen Parcours können erfahrene Kletterer feststellen, dass man auch im Kletterpark eine gute körperliche Fitness mitbringen sollte.

In der Mastenanlage, die als klassischer Hochseilgarten angelegt ist, sind die Parcours ebenfalls nach Schwierigkeitsgraden getrennt. Auch hier kann man zunächst in niedriger Höhe üben, bevor man in vier bis acht Metern Höhe verschiedenste Balancier- und Kletteraufgaben bestreitet. Die Mastenanlage ist besonders bei Familien beliebt, denn während der Waldparcours je nach Schwierigkeitsgrad erst ab 9 oder 14 Jahren freigegeben ist, dürfen Kinder hier schon ab acht Jahren klettern – sogar mit ihren Geburtstagsgästen zusammen. Wenn die Erwachsenen im Team kommen, geht es zunächst etwas ernster zur Sache. Denn oftmals ist der Ausflug als Firmentraining gedacht, in dem das Zusammengehörigkeitsgefühl gestärkt werden soll. Aber schon nach kurzer Zeit haben alle so viel Spaß, dass sich das Teamwork ganz nebenbei und von allein ergibt.

Adresse Am Johannisberg 5, 33615 Bielefeld, www.interakteam.de | **ÖPNV** Bus 24, Haltestelle Bauernhausmuseum | **Öffnungszeiten** gemäß Website | **Tipp** Von der Terrasse des benachbarten Park Inn Hotels (Am Johannisberg 5) hat man eine tolle Aussicht über die Stadt.

20 Die Musik- und Kunstschule

Künstlerschmiede der Region

Dass man die städtische Musik- und Kunstschule in Bielefeld gesehen haben muss, liegt zweifelsfrei an ihrer imposanten Architektur. Der Bielefelder Stadtbaurat Friedrich Schultz hat das Gebäude 1912/13 als Stahlbetonkonstruktion gestaltet. Strebepfeiler gliedern eindrucksvoll die Frontfassade, auf der ein hohes Walmdach mit großen Atelierfenstern thront. Das denkmalgeschützte Gebäude zählt zur Reformarchitektur des beginnenden 20. Jahrhunderts. Diese wandte sich vom Historismus, der sich früherer Stilrichtungen bediente, ab, orientierte sich aber auch nicht an dem modernen und sachlichen Stil des Neuen Bauens wie der Bauhausarchitektur. Das Gebäude ist einfach zeitlos schön und erzählt zugleich seine ganz eigene Geschichte.

Der Bau am Fuße der Sparrenburg wurde einst zur Unterbringung der wenige Jahre zuvor gegründeten Handwerker- und Kunstgewerbeschule errichtet. Im Laufe der Jahrzehnte änderte der Fachbereich Gestaltung, der hier unterrichtet wurde, immer wieder seinen Namen. Er trug zum Beispiel die Namen Handwerkerschule, Meisterschule des Deutschen Handwerks oder Meisterschule für das gestaltende Handwerk und Werkkunstschule. Gleich geblieben ist dabei das hohe künstlerische Niveau, das an der Schule gelehrt wurde und viele regional, aber auch überregional bekannte Künstler wie Peter August Böckstiegel – Schüler des ersten Jahrgangs ab 1907 – hervorgebracht hat. Die Kunstgewerbeschule entwickelte sich bald zu einer angesehenen Institution im gestalterischen Bereich, die im nordwestdeutschen Raum ihresgleichen suchte. Nahezu jeder namhafte Künstler in Bielefeld stand mit der Schule in Verbindung – als Dozent, ehemaliger Schüler oder im Rahmen von Ausstellungen oder Vorträgen. 1971 wurde die Schule im Zuge der Hochschulreform aufgelöst. Mit dem Einzug der städtischen Musik- und Kunstschule 1982 wurden die Räumlichkeiten wieder einer künstlerischen Nutzung zugeführt.

Adresse Burgwiese 9, 33602 Bielefeld, www.muku-bielefeld.de | ÖPNV Stadtbahn 1, 12, 18, Haltestelle Adenauerplatz | Tipp Wer ein Faible für Design hat, sollte einen Stopp im Möbelhaus Tick (Gadderbaumer Straße 14) einlegen.

21 Der Tierpark Olderdissen

Ganz nah dran

Als Wilhelm Hornberg, seinerzeit amtierender Stadtförster von Bielefeld, 1929 ein mutterloses Rehkitz fand, entschloss er sich, dieses von Hand aufzuziehen. Er ahnte damals noch nicht, dass diese Rettungsaktion später als die Geburtsstunde des Heimat-Tierparks Olderdissen bezeichnet werden sollte. Denn nach der Handaufzucht konnte das kleine Reh nicht mehr in die Freiheit entlassen werden. So wurde 1930 der Tierpark gegründet, in dem mittlerweile über 450 Exemplare von rund 90 einheimischen Arten auf rund 16 Hektar Fläche leben. Die Besonderheit dabei: Den Heimat-Tierpark Olderdissen kann man rund um die Uhr besuchen – und das auch noch kostenlos.

Auf dem weitläufigen Gelände, das sich am Rand des Höhenzuges des Teutoburger Waldes erstreckt, leben die Tiere in großzügigen und artgerechten Gehegen. Wie der Name schon sagt, findet man im Heimat-Tierpark vornehmlich einheimische, mitteleuropäische Arten. Statt Giraffen, Elefanten und Pinguinen, die sich in unseren Breiten vermutlich nicht sehr wohlfühlen, begrüßen hier Esel, Ziegen, Kühe und Schweine die Besucher. Aber auch Rehe, Bären, Luchse, Fischotter, Wildschweine und viele weitere Wildtierarten sind in Olderdissen zu Hause. Wer sich mit einer Ration Tierfutter ausstattet, die man im Park erwerben kann, darf mit einigen Tieren sogar auf Tuchfühlung gehen. Im Streichelgehege muss man jedoch aufpassen, dass die frechen Ziegen nicht allzu aufdringlich werden, um etwas Futter zu ergattern.

Wer gern noch größeren Tieren nahe kommen möchte, sollte einen Termin in der Zoo-Schule Grünfuchs vereinbaren. Highlight des vielfältigen naturpädagogischen Angebots ist hier nämlich das Bärenerlebnis. Dabei dürfen die Besucher das Gelände der beiden Bären erkunden und sogar einen Blick in deren Schlafhöhle werfen. Kommen die Tiere in die Höhle, sind sie den Besuchern fast zum Greifen nahe.

Adresse Dornberger Straße 149a, 33619 Bielefeld | **ÖPNV** Bus 24, Haltestelle Tierpark | **Öffnungszeiten** immer zugänglich | **Tipp** Floristik, Dekoartikel und noch mehr findet man ein Stück weiter bei Kraut & Rosen (Dornberger Straße 228).

22 Der Winzer'sche Garten

Erst der Name, dann die Weinreben

Im Frühjahr 2013 wurden auf einem Hang gegenüber der Sparrenburg die ersten Weinreben gepflanzt und damit der Grundstock für Bielefelds einzigen Weinberg gelegt. Die sonnige Südlage, die zumindest einen kleinen Ertrag an Weintrauben einbringen soll, sowie die hübsche Optik eines Weinbergs mit dem romantischen Torbogen waren die augenfälligsten Kriterien, die für seine Anlage sprachen. Dass die ehemalige Grünfläche, die einst an dieser Stelle auf dem Johannisberg lag, Winzer'scher Garten hieß, ist allerdings Zufall. Denn der frühere Besitzer des Gartens war kein Weinbauer von Beruf, sondern ein Textilunternehmer, der den Namen Carl W. Winzer trug.

Winzer ließ sich am Hang des Johannisbergs 1869 eine Villa mit Garten und traumhaftem Blick über Bielefeld errichten. Damit war er nicht allein. Denn während der Schützenhof auf dem Berg thronte und als Treffpunkt bei der Bielefelder Gesellschaft beliebt war, entwickelte sich das Gelände an seinem Fuß zu einem Villenviertel. Winzer ließ den Garten bis zu seinem Tod sukzessive ausbauen – Grünflächen, Beete, Torbogen und sogar eine Grotte entstanden. Im Zweiten Weltkrieg fiel das Winzer'sche Anwesen den Bomben zum Opfer, genau wie der Schützenhof und die meisten anderen Villen.

Jahrzehntelang, auch noch nach dem Kauf durch die Stadt Bielefeld im Jahr 1953, verwilderte die Freifläche. Erst im neuen Jahrtausend gab es Planungen und Ideen, wie eine Gestaltung aussehen könnte. Im Rahmen der gesamten Neuanlage des historischen Parks auf dem Johannisberg wurde der neue Winzer'sche Garten als letzter Bauabschnitt umgesetzt. Nach den Weinreben kamen im Sommer auch Obstbäume hinzu, um an die ursprüngliche Nutzung, die von Obst- und Gemüsebeeten geprägt war, anzuknüpfen. Seitdem freut sich der Förderverein des Gartens über jede einzelne Traube am Bielefelder Weinberg, deren Zahl langsam, aber stetig zunimmt.

Adresse gegenüber Hochstraße 11, 33615 Bielefeld, www.gwg-johannisberg.de | ÖPNV Bus 21, 22, 24, 28, 87 und 95, Haltestelle Kunsthalle, Unterführung Ostwestfalendamm Höhe Albrecht-Delius-Weg | Tipp Der Albrecht-Delius-Weg gehörte einst zu den besten Adressen Bielefelds. Hier bauten sich die bekannten Unternehmer der Stadt ihre Villen. Erhalten ist unter anderem ein besonders schönes Exemplar: die Villa Bozi (Hausnummer 2).

23 Die Alte Vogtei

Relikt aus Heepens Historie

Im Ortskern von Heepen ist die Alte Vogtei sicher das eindrucksvollste Gebäude. Schließlich ist der lang gestreckte Bau das letzte erhaltene Fachwerkgebäude im Zentrum des einst bedeutsamen Ortes. Als Bielefeld 1236 gegründet wurde, bestand Heepen schon über 400 Jahre als Pfarrei für die Region. Der Ort gehört damit zu den 60 ältesten Pfarreien und 100 ältesten Orten in ganz Nordrhein-Westfalen. Doch auch nachdem die religiöse Zuständigkeit nach Bielefeld gewechselt war, konnte sich Heepen stets einen besonderen Status bewahren.

Aus sieben neu angesiedelten, sogenannten Kampfhöfen, die der Stadt zum Schutze vorgelagert waren, entwickelte sich bald eine Vogtei mit 13 Bauernschaften. Trotz Rückschlägen durch den Dreißigjährigen Krieg und durch die Pest entwickelte sich die Vogtei Heepen stetig weiter und dehnte sich auch räumlich bis in die Senne aus. Im Jahr 1812 reichte ihr Amtsgebiet bis an die Ortsgrenzen von Stukenbrock und Herford. Da eine solch bedeutende Vogtei einen standesgemäßen Amtssitz für ihren Vogt benötigte, wurde das schöne Fachwerkhaus errichtet. Wann genau dies geschehen ist, darüber streiten sich die Fachleute.

Der Heimatverein vermutet, dass das Haus 1667 entstanden ist. Gestützt wird diese Vermutung durch zwei Schmucksteine aus Sandstein, die die Initialen von Matthias Becker tragen, der von 1667 bis 1680 seinen Amtssitz als Vogt an diesem Standort unterhielt. Eine andere Theorie besagt, das Haus sei in seiner heutigen Form erst 1816 entstanden. Man beruft sich dabei auf einen Balken über dem Eingang, der mit dieser Jahreszahl versehen ist. In diesem Jahr soll das ursprüngliche Haus an der östlichen Seite erweitert worden sein.

Seit einer aufwendigen Restaurierung im Jahr 1986 ist die Alte Vogtei wieder für die Öffentlichkeit zugänglich – als Bibliothek, Galerie, Standesamt, Heimatstube und in Gestalt kleiner Geschäfte.

Adresse Heeper Straße 442, 33719 Bielefeld | **ÖPNV** Bus 26 und 30, Haltestelle Tieplatz | **Tipp** Ein weiteres sehenswertes Gebäude ist das als »Heeper Schloss« bezeichnete ehemalige Amtshaus (Salzufler Straße 13). Heute ist darin das Bezirksamt untergebracht. Auf dem Platz davor findet samstags der Wochenmarkt statt.

24 Der Hof Meyer zu Heepen

Ursprung von Bielefelds älterer Schwesterstadt

Er liegt ganz am Rande des Stadtbezirks Heepen und ist doch eine seiner Keimzellen: der Hof Meyer zu Heepen. Die erste Erwähnung Heepens entstammt einer Urkunde des Klosters Busdorf aus dem Jahr 1036. In dieser wird dokumentiert, dass der Paderborner Bischof Meinwerk dem neu gegründeten Kloster ein Zehnt des Hofes »Hepyn« schenkte. Der Name des Hofes hat sich als Ortsname von Heepen erhalten, und die Heeper hielten mit Stolz ihre 975-Jahr-Feier ab, noch bevor Bielefeld das Jubiläum zum 800-jährigen Bestehen begehen konnte.

Ein Teil der Hofanlage wurde durch Bomben im Zweiten Weltkrieg zerstört. Erhalten ist noch das klassizistische, aus Sandstein errichtete Herrenhaus von 1851 im hinteren Bereich, in dem sich heute Privatwohnungen befinden. Davor stehen zwei beeindruckende Fachwerkgebäude, die noch etwas älter sind. Auf dem vorderen Speicher bezeugt die Jahreszahl 1808 das Baujahr. Während dieser derzeit nicht genutzt wird, wurde das andere Fachwerkhaus saniert und beherbergt nun das Naturfreundehaus Heepen. Die Bielefelder Ortsgruppe des NaturFreunde e. V. hat hier ihr Büro und Räume für unterschiedliche Aktivitäten.

Gegenüber den historischen Gebäuden fügen sich neuere Bauten mit Wohnungen unauffällig ins Ensemble ein. Dahinter liegt ein Reiterhof mit Pensionsstall. Auf dem weiteren Gelände, etwas von den historischen Bauten entfernt, wurde Anfang der 1970er Jahre ein Pflegeheim errichtet. Ein Fußweg führt an den Gebäuden vorbei und um die aufgestaute Wasserfläche herum zur alten Wassermühle, die ebenfalls zum Hof gehörte. Das Fachwerkgebäude stammt aus dem Jahr 1800, wenngleich die Mühle wesentlich älter ist. Das massive Haus wurde kurz vor dem Zweiten Weltkrieg fertiggestellt. Von hier aus lässt sich ein kleiner Spaziergang durch das angrenzende kleine Waldstück unternehmen. Durch dieses fließen Lutter und Baderbach, aus denen sich das Wasser für die Mühle speist.

Adresse Heeper Straße 360–364, 33719 Bielefeld | **ÖPNV** Bus 26, 350 und 351, Haltestelle Meyer zu Heepen | **Tipp** Der bei der Mühle beginnende Fußweg folgt grob dem Verlauf der Lutter, bis diese sich kurz nach Passieren der Minigolfanlage »Am Venn« zu einem kleinen Stauteich verbreitert.

25 Die Kaffeewelt Eisbrenner

Große Liebe zur kleinen Bohne

Eigentlich war Kaffee für Angelika Eisbrenner und Andreas Risse der ganz normale Muntermacher am Morgen. Nicht mehr und nicht weniger. Das änderte sich, als sie sich im Jahr 2004 auf eine Jamaika-Reise begaben. In den Blue Mountains lernten sie eine traditionell bewirtschaftete Kaffeeplantage kennen. Als sie dort den ersten Schluck Kaffee probierten, war es für sie wie eine Offenbarung. Dass ein Kaffee derart aromatisch schmecken kann, faszinierte das Ehepaar so sehr, dass beide beschlossen, diesen Kaffee in Deutschland zu verkaufen.

Sie importierten die Bohnen und fanden eine Rösterei, die die Ware für sie weiterverarbeitete. Schnell wurde aus dem kleinen Nebenerwerb eine große Leidenschaft. Die importierten Mengen stiegen, es kamen weitere Plantagen aus anderen Ländern als Lieferanten hinzu, und eine eigene Röstmaschine wurde angeschafft. Heute bietet die Kaffeewelt Eisbrenner ein umfangreiches Sortiment an Bohnensorten aus unterschiedlichen Anbaugebieten an und verkauft diese nicht nur an Privatkunden, sondern beliefert damit auch die Gastronomie in der Umgebung.

Wer den kleinen Verkaufsladen der Kaffeewelt Eisbrenner auf dem Hof Lanwermann in Altenhagen besucht, spürt sofort die Liebe, die man hier der kleinen braunen Bohne entgegenbringt. Während man an seiner frisch aufgebrühten Tasse Kaffee nippt, erklären Angelika Eisbrenner und ihre Mitarbeiterinnen alles Wissenswerte zu den unterschiedlichen Bohnen und Röstungen. Und helfen bei der Auswahl des künftigen Lieblingskaffees. Außerdem erfährt man, mit welcher Sorgfalt die Plantagen ausgewählt werden, von denen die Rösterei direkt beliefert wird. Dabei achtet das Ehepaar Eisbrenner-Risse nicht nur genau auf die Anbaubedingungen, sondern auch auf die sozialen Standards für die dort beschäftigten Arbeiter. Fair Trade ist für die beiden ein Mindeststandard; viele Sorten sind biozertifiziert.

Adresse Altenhagener Straße 272, 33729 Bielefeld, www.kaffeewelt-eisbrenner.de | **ÖPNV** Bus 33, Haltestelle Vinner Straße und Bus 352, Haltestelle Starke | **Öffnungszeiten** Mo–Do 8.30–13 und 14.30–18.30 Uhr, Fr 8.30–18.30 Uhr, Sa 9.30–14 Uhr | **Tipp** Auf dem Hof ist auch das »Blütenreich« von Silke Schäfersmann untergebracht, die hier kreative Floristik gestaltet und verkauft.

26 Das KulturLand Schelphof

Wie der Mensch die Landschaft formt

Fast alle Bielefelder Kinder kennen den Schelphof. Schließlich ist er seit der Gründung des gleichnamigen Naturpädagogischen Zentrums im Jahr 2000 zu einem wichtigen außerschulischen Lernort geworden. Neben der ökologischen Bewirtschaftung durch ein Pächterehepaar wird hier auf lebendige Weise Wissen zu den unterschiedlichsten Themen aus den Bereichen Landwirtschaft, Natur und Ernährung vermittelt. Eines der beliebtesten Themen lautet: »Kartoffel rein in den Acker – Kartoffeln raus aus dem Acker«.

Seit dem Jahr 2007 ist der Schelphof um das KulturLand bereichert worden. Dieser Erlebnispfad rückt die Kulturlandschaft, die den Hof umgibt, in den Mittelpunkt. Schließlich ist sie durch die auf dem Schelphof und den benachbarten Höfen betriebene Landwirtschaft dauerhaft verändert worden. Zu sehen gibt es Ackerland, Wiesen und Wälder in ihrer gesamten Vielfalt. Auf dem drei Kilometer langen Rundweg wird die Aufmerksamkeit durch erklärende Logos auf die Landschaft gelenkt. Es gibt Mitmachstationen, an denen man nicht nur etwas sehen, sondern auch riechen, hören oder fühlen kann. Andere Stationen laden wiederum zum Spielen oder einfach nur zum Ausruhen ein. Idealerweise besorgt man sich vor dem Rundgang die zugehörige Broschüre, die man sich aus dem Infopavillon am Hof für einen kleinen Obolus mitnehmen kann.

Kulturlandschaft bedeutet aber nicht nur, dass die Landschaft durch die Landwirtschaft geprägt wurde, sondern auch, dass sie durch den Menschen allgemein verändert wurde. Und so ist nicht nur das Naturpädagogische Zentrum auf dem Schelphof ein wichtiger Partner des KulturLands, sondern auch die benachbarte hoch technisierte Müllverbrennungsanlage, die einen eindrucksvollen Kontrast zum naturverbundenen Öko-Landbau schafft. Weitere Kooperationspartner beteiligten sich an der Entwicklung der Inhalte und Stationen des KulturLands beim Schelphof.

Adresse Eckendorfer Straße 311, 33609 Bielefeld, www.npzschelphof.de, www.kulturland-schelphof.de | **ÖPNV** Bus 25, 30 oder 133, Haltestelle Am Großen Wiel, Fußweg Richtung Kläranlage/MVA zum Schelphof | **Tipp** Die benachbarte Müllverbrennungsanlage bietet im Rahmen ihrer Öffentlichkeitsarbeit Führungen an (Kontakt: Tel. 0521/3398107) und informiert über die technologischen Besonderheiten der Anlage.

27 Der Leineweberring

Stolz der Motorsportszene

Der Motorradsport ist so vielfältig, wie es unterschiedliche Motorradtypen gibt. Eine Variante sind die Bahnrennen, die auf einer ovalen Rennstrecke ausgetragen werden. Doch auch beim Bahnsport gibt es unterschiedliche Formen: kurze Speedwayrennen auf Sand- oder Eisbahnen, Grasbahnrennen und Langbahnrennen. Darunter sind Grasbahnrennen die älteste Form, die ersten Rennen dieser Art wurden schon 1920 in Großbritannien durchgeführt. Langbahnrennen können entweder auf Sand- oder Grasstrecken durchgeführt werden und unterscheiden sich von den anderen Disziplinen dem Namen gemäß durch die Länge der Strecke.

In Bielefeld wurde der Motorradsport 1950 heimisch, als »Der Motorsportclub Bielefeld e. V.« – kurz DMSC – gegründet wurde. Nachdem der Verein wechselnde Flächen für die Austragung von Rennen genutzt hatte, pachtete er ab 1972 das Gelände an der Eckendorfer Straße, auf dem der Leineweberring gebaut wurde. 700 Meter lang war das Oval, das 1973 mit einem Grasbahnrennen eröffnet wurde. Die neue Bahn kam bei Fahrern und Zuschauern gut an. So baute der Verein das Gelände in den folgenden Jahren in Eigenregie aus: Die Anlage wurde begrünt, feste Tribünen gebaut, ein Start- und Zielrichterturm sowie ein Fahrerlager mit sanitären Anlagen und Tunnel zur Rennbahn errichtet. So wurde der Leineweberring zu dem, was der dreimalige Langbahnweltmeister Egon Müller als die modernste und schönste Grasbahn in Europa bezeichnet hat.

Höhepunkt der wichtigsten sportlichen Ereignisse auf dem Leineweberring war sicherlich die Austragung des Endlaufs zur Deutschen Langbahnmeisterschaft im Jahr 1977 mit 12.000 Zuschauern. Es folgten weitere internationale Turniere sowie Vor-, Semifinal- oder Finalläufe von Gras- und Langbahnmeisterschaften auf europäischer oder weltweiter Ebene. So soll es auch bleiben. Schließlich ist der Leineweberring eine Bahn auf WM-Niveau.

Adresse Nähe Eckendorfer Straße 135, 33609 Bielefeld, www.dmscbielefeld.de | **ÖPNV** Bus 25, Haltestelle Am Wellbach | **Tipp** Der Hof Meyer zu Jerrendorf (Jerrendorfweg 2) geht auf das Jahr 600 nach Christus zurück und ist damit die älteste Ansiedlung des zu Heepen gehörenden Stadtteils Brake.

28 Der Muschelsaal

Maritimes Flair in Ostwestfalen

Schon von außen ist der Festsaal an der Vogteistraße 2 in Heepen ein Blickfang. Das eigentliche Staunen aber fängt im Inneren an, nämlich dann, wenn man den Muschelsaal betritt. Rund 100.000 Muscheln wurden für die aufwendigen Verzierungen und Wandbilder des Tanzsaales verwendet. Der Gastwirt Friedrich Wedding ließ den Bau 1903 bis 1904 errichten, um seinen Gasthof zu erweitern. Mit der Gestaltung der Wände beauftragte er den aus Büsum stammenden Malermeister Bernhard Busch. Dieser vertrieb sich seine Zeit gern damit, Gebrauchsgegenstände aus Muscheln zu fertigen. Später begann er in seinem Elternhaus die Wände mit Muscheln zu dekorieren und erhielt sodann auch Auftragsarbeiten für diese Technik, die er sich sogar patentieren ließ. In Büsum gestaltete er das Schloss am Meer, das zwischenzeitlich abgerissen wurde, von dem aber eine Wand gerettet wurde, die in der Kurverwaltung zu sehen ist. Überdies dekorierte er ein Restaurant in Büsum sowie einen Saal in Leipzig und eben »Weddings Muschelsaal«.

Ganze Wagenladungen voller schillernder Schalen, die Kapitäne aus aller Welt mitgebracht hatten, wurden vom Hamburger Hafen per Bahn nach Heepen transportiert. Abertausende von Muscheln sortierte Bernhard Busch nach Farben und Größen, um seine kunstvollen Mosaike und Wandbilder zusammenzusetzen. Darunter sind Bielefelder Motive wie das Stadtwappen und die Sparrenburg, aber auch maritime Darstellungen wie Segelschiffe oder die Strandpromenade Büsums.

Seit den 1980er Jahren wurde der Saal als Tanzschule genutzt. 2016 unterzog man das Gebäude einer Frischzellenkur; seither strahlt es in neuem Glanz. Pächter ist nun Stollberg Catering, das mit seiner Ochsenbraterei weit über die Grenzen Bielefelds hinaus für seine hochwertige und originelle Durchführung von Veranstaltungen bekannt ist. So ist der historische Saal nun ein glanzvoller Rahmen für private Feiern und öffentliche Events.

Adresse Vogteistraße 2, 33719 Bielefeld, www.muschelsaal-bielefeld.de | **ÖPNV** Bus 26 und 30, Haltestelle Tieplatz | **Öffnungszeiten** Infos zu öffentlichen Veranstaltungen und Führungen auf der Website | **Tipp** Direkt gegenüber dem Muschelsaal liegt die Peter-und-Pauls-Kirche. An sie schließt sich der evangelische Friedhof an, der im weiteren Verlauf recht vielfältig gestaltet ist.

29 Die Wassermühle zu Bentrup

Idyll am östlichen Stadtrand

Es klappert die Mühle am rauschenden Bach … Wassermühlen versprühten schon immer ein besonderes Flair. Weswegen sie auch regelmäßig in Liedern, Gedichten oder Bildern verewigt wurden. Die Alte Wassermühle in Heepen hingegen liegt still am Mühlenteich. Aber es ist hier genauso malerisch wie vor gut 200 Jahren, als das Haus erbaut wurde und die aufgestaute Windwehe das Mühlrad antrieb. Zunächst, um das Korn der umliegenden Höfe zu mahlen, später, um angekauftes Getreide zu verarbeiten, das dann an Bäckereien weiterverkauft wurde.

1938 erhielt die Mühle ihr heutiges Aussehen. In diesem Jahr wurde zugleich das Wasserrad durch eine Turbine ersetzt. Seit ihrem Bau im Jahr 1785 durch Hermann Meyer zu Bentrup ist die Mühle über die Jahrhunderte hinweg in Familienbesitz geblieben. Ab 1897 wurde der Betrieb an den Müllermeister Fritz Kruse verpachtet, dessen Nachfahren hier bis zur Stilllegung der Mühle im Jahr 2005 tätig waren. Reinhard Kruse, der letzte Müllermeister in der Alten Wassermühle zu Bentrup, zeigt interessierten Gästen die Mühlentechnik und berichtet über die Arbeit eines Müllers. Nun steht die Turbine zwar still, sie ist aber noch voll funktionsfähig. Daher ist geplant, sie in Zukunft zur Stromerzeugung zu nutzen.

Doch auch wenn sie im Moment ruht und nur für Vorführungen angeworfen wird, ist in der Mühle meist etwas los. Denn mit ihrem Café und der schönen Umgebung ist sie ein beliebtes Ausflugsziel. Auch für Trauungen und anschließende Feiern bildet die Mühle die perfekte Umgebung. Im Inneren gibt es auch ansprechende kleine Läden mit Floristik, Mode, Dekoartikeln und Accessoires. Idealerweise kommt man im Sommer her, wenn unter dem großen Walnussbaum oder in versteckten Ecken auf dem Gelände der Biergarten geöffnet ist.

Adresse Salzufler Straße 145, 33719 Bielefeld, www.alte-wassermuehle.info | **ÖPNV** Bus 350, Haltestelle Bentrup | **Öffnungszeiten** Mühlencafé So und Feiertage 13–18 Uhr, Ateliers zusätzlich Sa 13–18 Uhr | **Tipp** Der nahe gelegene Runkelkrug (Salzufler Straße 177) ist besonders in den Sommermonaten wegen seines schönen Biergartens mit Kinderspielplatz einen Besuch wert.

30 Die Königsbrücke

Vom Zwist eines Dorfes mit dem König

Der womöglich unscheinbarste der 111 Orte Bielefelds liegt am Jöllenbecker Ortsrand, unweit der Eickumer Straße. Rund 150 Meter südlich der Landstraße nach Herford, etwa auf Höhe der Hausnummer 214, findet man einen Weg, vorbei an einer ehemaligen Wassermühle mit einer schmalen Brücke. Sie führt über den Jöllenbecker Mühlenbach, der nach einigen hundert Metern in die Jölle mündet. In früheren Jahrhunderten war die Brücke Teil des Weges nach Herford und hatte für Jöllenbeck und Umgebung sowie für die Hansestadt Herford eine wichtige Bedeutung.

Von heimatkundlich gut informierten Jöllenbeckern wird sie Königsbrücke genannt. Dieser Name leitet sich davon ab, dass auf einem Relief auf der Außenseite die Initialen FWR zu lesen sind. Sie stehen für Fridericus Wilhelmus Rex – also den preußischen König Friedrich Wilhelm IV. – und wurden zusammen mit dem Baujahr 1842 in den Stein gemeißelt. Damit markierte man die Brücke als Eigentum des Staates, der auch für ihren Unterhalt aufkommen musste. Dies war das Ergebnis eines Rechtsstreits, den die Jöllenbecker mit dem Staate Preußen über die Baukosten für die Brücke geführt und gewonnen hatten. Im Gegenzug konnte der Staat die Maut für die Passage einziehen.

Die Brücke war aber nicht die erste, die hier über den Mühlenbach führte. Sie ersetzte den Vorgängerbau von 1795, der damals noch nach dem benachbarten Hof als Peppmühlenbrücke bezeichnet wurde. Historiker vermuten jedoch, dass es schon rund 1.000 Jahre früher, zu Zeiten Karls des Großen, eine Brücke an dieser Stelle gab. Insofern ist dieser unscheinbare Ort zugleich einer mit einer sehr langen Geschichte. Dies ist auch der Grund dafür, dass der Jöllenbecker Heimatverein sich stets um die Erhaltung der Brücke bemüht hat, wenn sie wieder einmal vom Abriss bedroht war. Der Verein war es auch, der ihre Eintragung in die Liste der Baudenkmäler durchgesetzt hat.

Adresse Eickumer Straße 214, 33739 Bielefeld | **ÖPNV** Bus 251, Haltestelle Hasenpatt | **Tipp** Wer gern Sport im Grünen betreibt, ist im benachbarten Enger beim Golfclub Ravensberger Land (Südstraße 96) an der richtigen Adresse.

31 Die Königsmühle

Eine etwas andere Friedhofskapelle

Am Rande des Jöllenbecker Friedhofs erhebt sich ein hübscher Feldsteinturm. Mit seinem spitzen Turmhelm, unter dem sich ein offener Rundgang befindet, könnte man ihn fast für einen Wachturm aus früheren Zeiten halten. Dort oben befand sich damals jedoch kein Ausguck für Soldaten, sondern das Antriebsrad einer Windmühle. Das Turmdach erhielt erst nach Aufgabe des Mühlenbetriebs sein heutiges Aussehen.

Der Bau der Mühle geht auf das Jahr 1744 und eine Initiative von König Friedrich II. zurück, der vier Jahre zuvor den Thron in Preußen bestiegen hatte. Denn der Alte Fritz engagierte sich, insbesondere was Ernährung und Landwirtschaft betraf, stark für sein Volk. Die verschlungenen Initialen FR – für Fridericus Rex – und die Jahreszahl findet man heute noch über dem Eingang. Nachdem man sich vor Ort endlich auf einen Standort – den früheren Pfarrgrund auf dem Hellefeld – geeinigt hatte, konnte die mit steuerlichen Abgaben belegte Windmühle errichtet werden. Damit verkürzte sich der Weg der Bauern erheblich, denn bis dahin hatten sie ihr Korn in staatlich verordneten Wassermühlen der näheren und weiteren Umgebung mahlen lassen müssen. Vermutlich Ende des 18. Jahrhunderts ging die Mühle dann aus königlichem in privaten Besitz über. 1933 wurde das Gebäude von der Evangelisch-Lutherischen Kirchengemeinde Jöllenbeck erworben und fünf Jahre später zur Friedhofskapelle umgebaut.

Damit der schlichte Raum etwas feierlicher wirkt, wurden bleiverglaste Bogenfenster eingebaut und auf der Spitze des Runddachs ein Kreuz angebracht. Mit der denkmalgeschützten Kapelle hat Jöllenbeck wahrscheinlich eine der ungewöhnlichsten und geschichtsträchtigsten Friedhofskapellen vorzuweisen. Schließlich war der heutige Stadtteil von Bielefeld in früheren Jahrhunderten ein Ort mit überregionaler Bedeutung und im 19. Jahrhundert das Zentrum der Ravensberger Erweckungsbewegung.

Adresse Imsiekstraße, 33739 Bielefeld | **ÖPNV** Bus 54, 55, 154, 155, 156, 251, 255, Haltestelle Adlerdenkmal | **Öffnungszeiten** auf Anfrage beim Kirchenamt Jöllenbeck | **Tipp** Ein wunderschönes altes Fachwerkhaus – ein Hallenhaus von 1799 – kann man auf dem Uphof (Twachtweg 133a) sehen. Die alte Diele mit Nebenräumen wird für Veranstaltungen genutzt.

32__Das Leineweberhaus

Arbeitsplatz des bekanntesten Bielefelders

Wirklich jeder Bielefelder kennt das Leineweberdenkmal auf dem Altstädter Kirchplatz. Diejenigen, die in Heimatkunde gut aufgepasst haben, wissen auch, dass ein echter Bielefelder Leineweber dafür Modell gestanden hat. Aber fast nur Jöllenbecker wissen, dass dieser echte Leineweber einer von ihnen war. Jobst Heinrich Heienbrok war Leineweber in dem alten Bauernhaus an der Amtsstraße 22 in Jöllenbeck. Um dem Bildhauer Hans Perathoner Modell zu stehen, musste er vier Monate lang täglich sechs Meilen bis zur Sparrenburg zu Fuß gehen. Dann war es geschafft; das Denkmal für den bis dato wichtigsten Industriezweig im Ravensberger Land konnte im Jahr 1909 an der Nordseite der Nicolaikirche aufgestellt werden.

Doch zurück nach Jöllenbeck – in das Haus, in dem Heienbrok seiner Arbeit als Leineweber nachging. 1727 erbaut, ist das Gebäudeensemble seit vielen Jahrzehnten im Besitz der Familie Brünger. Albert Brünger betrieb hier einst seine Leinenweberei und wurde 1851 auf der Londoner Weltausstellung für sein handgewebtes Leinen ausgezeichnet. Jobst Heinrich Heienbrok war erst später im Hause Brünger als Leineweber beschäftigt.

In einem kleinen Fachwerkhaus, das zur Anlage gehört, ist heute das Heimathaus des Heimatvereins Jöllenbeck untergebracht. Hier kann man noch einen alten Handwebstuhl sehen. Im Hauptgebäude, dem ehemaligen Bauernhaus, befindet sich das Café Nostalgie, das seinem Namen alle Ehre macht. Mobiliar und Geschirr sind zum großen Teil noch im Original erhalten oder wurden sorgfältig bei Antiquitätenhändlern ausgewählt. Bei schönem Wetter sitzt man auf der Terrasse und lässt den Blick über die Farbenpracht des liebevoll angelegten Bauerngartens schweifen. Bei all dem schönen Ambiente kann man ganz vergessen, dass man eigentlich wegen der leckeren Torten gekommen ist. Sollte man aber nicht, denn die darf man wirklich nicht verpassen.

Adresse Amtsstraße 22, 33739 Bielefeld, www.cafenostalgie.de | **ÖPNV** Bus 54, 55, 154, 155, 156, 251, 255, Haltestelle Adlerdenkmal | **Öffnungszeiten** Di–So 9–18 Uhr | **Tipp** Direkt hinter dem Haus am Bauerngarten entspringt die Urquelle der Jölle, die dem Stadtbezirk seinen Namen gegeben hat.

33 Der Abendmarkt auf dem Klosterplatz

Perfekt für den Feierabendeinkauf

Einst war der Klostermarkt die Szeneadresse Bielefelds. Gerade im Sommer war der Platz in den Abendstunden voll – man nutzte die vielfältige Außengastronomie oder traf sich hier einfach so. Doch ab 1999 war Schluss damit. Per Gerichtsurteil wurde eine Sperrstunde für die Außengastronomie eingeführt, woraufhin immer mehr Lokale aus wirtschaftlichen Gründen schließen mussten. Auch die Konkurrenz im neuen Bahnhofsviertel trug zum langsamen Aussterben des Klosterplatzes bei.

Doch langsam kehrt das Leben auf den Platz zurück. Es gibt tolle neue gastronomische Angebote; einmal in der Woche verwandelt sich der Platz gar in eine kulinarische Meile. Dann findet hier nämlich der Abendmarkt statt. Von 16 bis 20 Uhr wird nicht nur das klassische Wochenmarktsortiment mit Obst und Gemüse, Fleisch und Blumen angeboten. Es gibt frischen Fisch, Eingelegtes, Veganes, Aufstriche, Chutneys, frische Pasta und vieles mehr, was das Feinschmeckerherz begehrt. Die Öffnungszeiten und das Angebot des Abendmarktes sprechen ein junges, berufstätiges Publikum an, das einen regulären Wochenmarkt aufgrund der morgendlichen Öffnungszeiten nicht besuchen kann. Da diese Zielgruppe zugleich Wert auf eine bewusste Ernährung mit biologisch und regional erzeugten Waren legt, ist der Erfolg des Abendmarktes keine Überraschung.

Auch die angrenzenden Gastronomiebetriebe beteiligen sich an dem wöchentlichen Angebot und bieten wechselnde kulinarische Leckerbissen mit passenden Getränken. Nach dem Einkauf kann man den Abend bei Biergartenatmosphäre ausklingen lassen. In den Sommermonaten gibt es daher regelmäßig kleinere Livekonzerte. An diesen Abenden fühlen sich die Ü-30-Besucher wieder an die alten Zeiten auf dem Klosterplatz erinnert, die langsam, aber sicher wiederkehren.

Adresse Klosterplatz, 33602 Bielefeld | **ÖPNV** Bus 21, 22, 24, 27, 28, 29, 31, 87, 95 oder 185, Haltestelle Klosterstraße | **Öffnungszeiten** Do 16–20 Uhr, Gastronomie bis 21 Uhr | **Tipp** Nachtschwärmer sind im Club Sam's (Mauerstraße 44) an der richtigen Adresse. Wenn andere Clubs schließen, geht es hier erst los. Dann wird bis weit in den Morgen hinein gefeiert.

34 Das AlarmTheater

Randgruppen im Zentrum

Ein Theater ist in erster Linie ein Ort, an dem Kultur geschaffen wird. Im ehemaligen CVJM-Heim an der Gustav-Adolf-Straße ist es zugleich auch ein Ort der Integration. Hier werden unterschiedlichste Gruppen vom Rand der Gesellschaft in die Öffentlichkeit – auf die Bühne – geholt. Dies geschieht im eigenen Haus – zum Teil in Kooperation mit Schulen, Sucht- und Gewaltpräventionsstellen, Flüchtlingsheimen und anderen Einrichtungen. Unter professioneller Leitung werden mit Laiendarstellern jährlich bis zu fünf Produktionen und viele Projekte für Jugendliche und Erwachsene inszeniert. Dabei sind die Themen ganz nah an den Menschen dran, mit denen sie umgesetzt werden und die sie erreichen wollen. Das Theaterensemble als Selbsthilfegruppe sozusagen. Außergewöhnlich sind auch die Produktionen mit Inhaftierten der JVA Bielefeld, die auch dort aufgeführt werden.

Der sozialpädagogische Ansatz kommt nicht von ungefähr. Dietlind Budde, die zusammen mit ihrem Mann Harald Otto Schmid zum Ensemble des italienischen Straßentheaters »TeatroNucleo« gehörte, hat ursprünglich Pädagogik studiert. Nach mehreren Jahren auf Schauspieltour durch Europa entdeckten die beiden bei einem Gastauftritt in Bielefeld das vom Abriss bedrohte Gebäude, in dem sich heute das AlarmTheater befindet. Das Schauspielerpaar wurde sesshaft und begann mit seinen außergewöhnlichen Theaterprojekten, die sich stets an schwierige Themen herantrauen. Als Vorzeigestück kann die im Jahr 2009 inszenierte und vielfach ausgezeichnete Produktion »Ich kam allein – Kindertransporte« gelten, die von der Rettung von zehntausend jüdischen Kindern und Jugendlichen handelt, die 1938 ohne ihre Familien nach England transportiert wurden. 2016 wurde es wieder aufgenommen. Die deutschen Kinder jüdischen Glaubens wurden von geflüchteten muslimischen Kindern gespielt, wodurch eine Auseinandersetzung mit der aktuellen politischen Lage stattfand.

Adresse Gustav-Adolf-Straße 17, 33615 Bielefeld, www.alarmtheater.de | ÖPNV Bus 25 und 26, Haltestelle Siegfriedstraße | Öffnungszeiten Informationen zu den aktuellen Produktionen können der Website entnommen werden | Tipp Die benachbarte Johanniskirche besticht seit ihrer Umgestaltung durch interessante Architektur. So sind die Räume für die Gemeindearbeit nur durch eine Glasfront vom Kirchraum abgetrennt. Von außen zieht das an die Kirche angebaute Foyer die Blicke auf sich.

35 Das Antwerpener Retabel

Rätselraten um das Entstehungsjahr

Denjenigen, die den Begriff »Antwerpener Retabel« noch nie gehört haben, sei erklärt, dass es sich dabei um einen in Antwerpen gefertigten Altaraufsatz mit mindestens einem Seitenflügelpaar handelt. Menschen, die sich mit sakraler Kunst etwas auskennen, dürfte das bekannt sein. Schließlich ist diese Form der Altaraufsätze durchaus verbreitet. Über 200 Exemplare sind heute noch in europäischen Kirchen und Museen erhalten. Insbesondere im 16. Jahrhundert wurden in Antwerpener Kunsthandwerksstätten zahlreiche Retabel für den Export gefertigt. Und doch ist jedes Modell für sich etwas Besonderes, da sich die einzelnen Ausfertigungen individuell unterscheiden.

Das Bielefelder Modell, das in der Altstädter Nicolaikirche steht, stammt aus der Blütezeit des Antwerpener Kunsthandwerks. Das genaue Entstehungsjahr war jedoch lange Zeit unbekannt. Dann befasste sich Harald Popach, Historiker und Vorsitzender des Förderkreises des Antwerpener Altars, sehr ausführlich mit dem Retabel. Er untersuchte jede einzelne der filigranen Holzschnitzfiguren auf versteckte Hinweise zum Entstehungsjahr. Im Sommer 2006, nach fünf Jahren Arbeit, wurde er fündig. Und zwar auf dem Umhang einer männlichen Figur im unteren Bereich des Altarbildes. Es handelt sich um einen jener drei Männer, die hinter der heiligen Anna, der Mutter Marias, stehen. Nur auf diesem Umhang sind ausschließlich römische Ziffern zu finden. An allen anderen Stellen des Altars, an denen Zahlen abgebildet sind, wurden auch lateinische sowie andere Zeichen verwendet. In die richtige Reihenfolge gebracht, ergeben die römischen Ziffern die Jahreszahl 1524. Sie passt in den bis dato geschätzten Zeitraum, in dem das Retabel gefertigt worden sein soll, und gilt damit als recht sicheres Forschungsergebnis. Als Kirchenbesucher muss man jedoch lange suchen, wenn man unter den 250 Figuren die fragliche ausfindig machen will.

Adresse Niedernstraße 4, 33602 Bielefeld, www.altstadt-nicolai.de | **ÖPNV** Stadtbahn 1, 2, 3, 4, 10 und 13, Haltestelle Rathaus | **Öffnungszeiten** Mo–So 10–18 Uhr | **Tipp** Auf dem Altstädter Kirchplatz, hinter der Nicolaikirche, steht das in Bielefeld berühmte Leineweberdenkmal.

36 Artists Unlimited

Künstler ohne Grenzen

Erst Papierfabrik, dann Fernmeldeamt, jetzt alternativer Kunstraum. Das Gebäude an der August-Bebel-Straße, Ecke Viktoriastraße hat eine über 100-jährige Geschichte hinter sich. Wo es vormals im produzierenden, später Dienstleistungssektor eher nüchtern und strukturiert zuging, herrscht seit 1985 freie Kreativität. Damals nämlich suchte eine Gruppe von Künstlern Räumlichkeiten für Ateliers und auch zum Wohnen. Designstudenten, Künstler, Gleichgesinnte. Die Gruppe war vielfältig und ist es bis heute geblieben.

Mittlerweile zählt die Gruppe, die sich zum Verein Artists Unlimited zusammengeschlossen hat, 25 Mitglieder. Sie organisiert abwechslungsreiche Veranstaltungen und Ausstellungen. Jedes Mitglied darf den ausstellenden Künstler oder die Künstlerin selbst wählen und betreut dann eigenständig die Veranstaltungen. Internationale Gastkünstler werden gemeinsam ausgewählt. Sie erhalten ein dreimonatiges Stipendium, das die Nutzung einer Wohnung und eines Ateliers in den Räumen der ehemaligen Papierfabrik einschließt. Den Abschluss des Stipendiatenaufenthalts bildet dann eine Ausstellung seiner Werke.

Frei von Fördergeldern und Mäzenen finanziert der Verein sich selbst durch jährliche Benefizveranstaltungen. Nur so kann das Programm wirklich unabhängig von Besucherzahlen und Geldgebern gestaltet werden. Es soll nicht angepasst und etabliert sein, sondern anders, alternativ.

Der Erfolg gibt der Gruppe recht. Allein zu der Benefiz-Party kommen jedes Jahr 1.500 Besucher. Und um das Stipendium bewerben sich in einem Jahr auch schon einmal 250 Künstlerinnen und Künstler aus der ganzen Welt. Schließlich wird die Galerie ihrem Namen gerecht, und es werden den Künstlern »keine Grenzen« gesetzt. So ist aus dem alten Industriebau ein »Trainingslager der Subkultur« geworden, wie es ein renommiertes Kunstmagazin einmal bezeichnet hat.

Adresse August-Bebel-Straße 94, 33602 Bielefeld, www.artists-unlimited.de | **ÖPNV** Stadtbahn 3, 10 und 18, Haltestelle August-Schroeder-Straße | **Öffnungszeiten** zu den Ausstellungen gemäß Website | **Tipp** Ein Kaffee und Snack im Café Milestones, das ebenfalls im Gebäude der Galerie beheimatet ist, bietet das perfekte Ausstellungsbegleitprogramm.

37 Das Backpulver-Tütchen

Kultmischung auf rotem Samt

Wenn es einen Ort in Bielefeld gibt, von dem die meisten Bielefelder sagen, dass man ihn gesehen haben muss, dann ist das die Dr. Oetker Welt. Schließlich sind die Pizzen und Backmischungen heute das, was früher das Leinen für Bielefeld war – der Exportschlager der Stadt. Doch die Erfolgsgeschichte begann 1891 mit einem kleinen Päckchen, dessen Inhalt die Herzen und Backöfen der Hausfrauen im Sturm eroberte. Backin – das Backpulver, genau für ein Pfund Mehl abgemessen.

Im Hause Dr. Oetker ist man stolz darauf, dass sich das Unternehmen als ein weltweit aktiver Konzern etabliert hat, der in vielen Sparten Marktführer ist. Schließlich gehören zur Oetker-Gruppe mittlerweile 400 Firmen aus allen Branchen – von der eigenen Hotelkette bis zum Bankhaus ist fast alles dabei. Doch zurück zu den Nahrungsmitteln: Bei einer Führung durch die Dr. Oetker Welt sieht man Landkarten, die verdeutlichen, in wie vielen Ländern auf allen Kontinenten die Produkte mit Bielefelder Ursprung präsent sind – auch wenn sie zumeist vor Ort produziert werden.

Zugleich vergisst man bei Dr. Oetker nicht, woher man kommt: aus dem Hinterzimmer einer Apotheke, wo Dr. August Oetker so lange mit verschiedenen Pülverchen hantierte, bis er seine Mischung perfektioniert hatte. Darum wird das erste Backpulver-Tütchen – oder zumindest eines aus der ersten produzierten Serie – wie ein kleiner Schatz präsentiert. In einem eigenen, diffus beleuchteten Raum wird nur das Tütchen angestrahlt, das auf einem roten Samtkissen ruht und durch einen Glaskasten geschützt wird. Es ist das erste Exponat auf dem Weg durch die über 125-jährige Firmengeschichte, die zeigt, mit welchem Gespür für Kundenwünsche Dr. Oetker schon in den Anfangsjahren auf die Erfolgsspur kam. Aus den anfänglichen Rezepten auf der Tütchen-Rückseite wurde ein Back-Club, der heute seine Mitglieder regelmäßig mit kulinarischen Ideen versorgt.

Adresse Lutterstraße 14, 33617 Bielefeld, www.oetker.de | **ÖPNV** Stadtbahn 1, 12 und 18, Haltestelle Bethel | **Öffnungszeiten** Termine und Anmeldung zu Führungen auf der Website | **Tipp** In die ehemalige Martini-Kirche ist das Restaurant Glückundseligkeit (Artur-Ladebeck-Straße 57) eingezogen, das nicht nur durch seine außergewöhnliche Architektur, sondern auch durch leckeres Essen überzeugt.

38 Die Barista-Schule

Das Leben ist zu kurz für schlechten Kaffee

Kaffee ist der neue Rotwein. Dieser Eindruck drängt sich zumindest auf, wenn man sich in eines der jungen Kaffeehäuser setzt, die in den letzten Jahren fast wie Pilze aus dem Boden sprießen. Hier werden individuelle und feine Röstungen angeboten, und das Publikum fachsimpelt über Arabica versus Robusta. Oder aber darüber, ob eine French Press gegenüber dem Handfilter zu bevorzugen ist oder ob doch eine etwas spektakulärere Cona-Kanne gewählt werden sollte. Da in einigen Kaffeehäusern zugleich auch selbst geröstet wird, erfahren die Kaffeeliebhaber hier auch einiges darüber, welche Bohnen bei welcher Temperatur ihr Aroma am besten entfalten. Während sich die älteren Generationen wie in guten alten Zeiten noch zur Rotwein-Degustation treffen, verkosten die Jüngeren Kaffees.

Um die Vorliebe für guten Kaffee auf ein professionelleres Level zu bringen, kann man im Coffee Store am Alten Markt nicht nur hervorragende Kaffees aus eigener Röstung genießen, sondern auch an einem der regelmäßigen Seminare teilnehmen. Dabei stehen nicht nur Grundlagenseminare zur Kaffeeherstellung und -verarbeitung auf dem Programm, sondern auch die Ausbildung zum Barista. In diesem siebenstündigen Seminar lernen die Teilnehmer an echten Profimaschinen, wie der perfekte Espresso oder Cappuccino zubereitet wird. Ein Angebot, das sich nicht nur an Gastronomen und Servicepersonal richtet, sondern zunehmend auch von Kaffeeliebhabern in Anspruch genommen wird. Es wird vielseitiges Wissen über die Geschichte des Espressos, die verschiedenen Bohnen, Röstverfahren und Mischungen vermittelt. Im praktischen Teil lernen die Teilnehmer, dass es auch auf den richtigen Mahlgrad und Anpressdruck des Kaffeepulvers ankommt.

Wem das alles zu viel Fachsimpelei ist, der kann sich im Coffee Store aber auch einfach nur eine Tasse Kaffee bestellen und in gemütlichem Ambiente oder unterwegs genießen.

Adresse Obernstraße 2, 33602 Bielefeld, www.coffee-store.de | **ÖPNV** Stadtbahn 1, 2, 3, 4, 10 und 13, Haltestelle Rathaus | **Öffnungszeiten** Mo–Fr 7.30–20 Uhr, Sa 8–19 Uhr, So 12–19 Uhr | **Tipp** An der gegenüberliegenden Ecke des Alten Markts befindet sich das Stahlberg (Hausnummer 7). In diesem Café-Restaurant wird ebenfalls Wert auf hochwertigen, handwerklich gerösteten Kaffee sowie regionale Zutaten gelegt.

39 Das Battig-Haus

Wiederbelebtes Schmuckstück am Alten Markt

Der Alte Markt ist das Herzstück und der historische Mittelpunkt der Altstadt. Von den mittelalterlichen Bürgerhäusern, die hier einst standen, zeugen augenscheinlich noch das Crüwell-Haus am westlichen Ende des Platzes sowie mittig die beiden Gebäude mit den Hausnummern 3 und 5. Doch der Schein trügt – zumindest was die beiden Häuser im Zentrum des Platzes betrifft. Das sogenannte Battig-Haus mit der Adresse Alter Markt 3 war tatsächlich ein Bürgerhaus. Der Name erinnert an einen einstigen Eigentümer. Obwohl es 1680 erbaut wurde und schon einige barocke Stilelemente aufweist, ist die Formensprache noch stark an den Stil der Weserrenaissance angelehnt.

Doch was wie ein aufwendig restauriertes historisches Gebäude wirkt, sah nach dem Zweiten Weltkrieg ganz anders aus. Das Gebäude war bis auf die Umfassungsmauern niedergebrannt. Lediglich der prächtige vierstufige Giebel ist erhalten geblieben. Um das Nachbarhaus auf der linken Seite war es ähnlich bestellt. Auch das Haus mit der Nummer 5 ist den Kriegszerstörungen zum Opfer gefallen. Der prächtige historische Giebel, der es schmückt, wurde ihm erst 1976 aufgesetzt. Er stammt von einem abgetragenen Haus aus der Obernstraße.

Fotoaufnahmen des Battig-Hauses dokumentieren seine Nutzung als Drogerie bis zum Beginn des 20. Jahrhunderts. Im Erdgeschoss waren daher auch große Schaufensteröffnungen geschaffen worden. Der Wiederaufbau erfolgte mit etwas veränderter Optik; Sprossenfenster links und rechts des Eingangsportals bilden neue Zierelemente. Im Zuge einer Sanierung in den 1970er Jahren wurden die vier Sprossenfenster im Erdgeschoss verkleinert, die künstlerisch gestaltete Bronzetür eingesetzt sowie als gestalterische Abgrenzung zum ersten Obergeschoss ein zusätzliches Gesims eingefügt. Seit seinem Wiederaufbau im Jahr 1951 gehört das Battig-Haus zum Gebäudekomplex der Lampe-Bank, die ihren Hauptsitz in Bielefeld hat.

Adresse Alter Markt 3, 33602 Bielefeld | **ÖPNV** Stadtbahn 1, 2, 3, 4, 10 oder 13, Haltestelle Rathaus | **Tipp** Ansprechende Küche in Lounge-Atmosphäre wird im Numa (Obernstraße 26) serviert.

40_Beit Tikwa

Wie eine Kirche zur Synagoge wurde

Haus der Hoffnung. So lautet die Übersetzung des hebräischen Begriffes Beit Tikwa. Und genau das soll das gleichnamige Gebäude – die Synagoge der Jüdischen Gemeinde Bielefelds – repräsentieren: die Hoffnung, dass ein dauerhaft friedliches Zusammenleben möglich ist und sich die grausame Geschichte vom 10. November 1938 niemals wiederholen wird. An jenem frühen Donnerstagmorgen brannte die denkmalgeschützte Synagoge von 1905 in der Turnerstraße nieder. So wie über 1.400 weitere Synagogen in ganz Deutschland, die in der Pogromnacht verwüstet und vernichtet wurden. Im weiteren Verlauf flohen alle in Bielefeld ansässigen Juden oder wurden deportiert.

Schon bald nach Ende des Zweiten Weltkriegs kehrten einige Juden nach Bielefeld zurück. Sie gründeten eine neue Gemeinde, die Jüdische Kultusgemeinde Bielefeld, und fanden in einer Gründerzeitvilla in der Stapenhorststraße einen Ort, wo sie ihre Gottesdienste und Zusammenkünfte abhalten konnten. Fast 60 Jahre blieb das Haus die Heimat der Gemeinde, bis es durch Zuzug jüdischer Emigranten aus den Staaten der ehemaligen Sowjetunion zu klein wurde. 2005 ergab sich schließlich eine ungewöhnliche Möglichkeit, eine neue Synagoge zu errichten. Einzurichten wäre treffender gesagt, denn das Gebäude existierte bereits. Es handelte sich dabei um die evangelische Paul-Gerhardt-Kirche aus den 1960er Jahren. Diese sollte infolge der Fusion der gleichnamigen Gemeinde mit der Neustädter Mariengemeinde veräußert werden. Während sich der Kirchenkreis schnell mit der Jüdischen Gemeinde einigte, regte sich in der evangelischen Bevölkerung Widerstand. Auch die jüdischen Gemeindemitglieder mussten zunächst vom Einzug in ein ehemals christliches Gotteshaus überzeugt werden. Doch die Hürden wurden überwunden, und das Gebäude erhielt nach dem Umbau eine völlig neue Optik, die besonders durch das gewölbte Turmdach auffällt.

Adresse Detmolder Straße 107, 33604 Bielefeld, www.juedische-gemeinde-bielefeld.de | **ÖPNV** Stadtbahn 2, 12 und 13, Haltestelle Mozartstraße | **Öffnungszeiten** öffentliche Konzerte gemäß Website | **Tipp** Der nahe gelegene Ostpark (gegenüber Diesterwegstraße 18) ist eine schöne kleine Parkanlage mit altem Baumbestand, umgeben von einem hübschen Wohnviertel.

41 Der Bürgerpark

Ruheoase in der Stadt

Im Westen der Bielefelder Stadtmitte liegt ein schöner Park, der mit seinem Teich eine beliebte Naherholungsmöglichkeit bietet. Dass er von vielen Bielefeldern Oetkerpark genannt wird, liegt an der gleichnamigen Konzerthalle, die als eindrucksvolle Landmarke direkt an den Park angrenzt. Der Park allerdings war zuerst da. Er wurde von 1919 bis 1921 angelegt und sollte nach dem Willen des damaligen Gartenbaudirektors Paul Meyerkamp den Bürgern als innerstädtische Erholungsmöglichkeit dienen. Daher wurde er Bürgerpark genannt.

Doch die Anlage des damals architektonisch geplanten Parks hatte noch einen weiteren Grund. Bei dem Areal handelte es sich um eine aufgelassene Tongrube, deren Umgestaltung als Arbeitsbeschaffungsmaßnahme diente. Dies war in den Jahren nach dem Ersten Weltkrieg jedoch nicht unumstritten. Viele Bürger wollten das Gelände lieber zum Gemüseanbau und zur Selbstversorgung nutzen. Doch Meyerkamp setzte seinen Plan mit Unterstützung des damaligen Oberbürgermeisters Rudolf Stapenhorst um.

Nach dem Zweiten Weltkrieg veränderte die Grünanlage ihr Gesicht und erhielt durch mehrere Umgestaltungsmaßnahmen den Charakter eines Landschaftsparks. Die Teichanlage bildete weiterhin das zentrale Element, umgeben von sanft ansteigenden Rasenflächen und Bäumen. Am südlichen Rand befindet sich auf dem Hang das Café im Bürgerpark. Auch der Bauerngarten mit einer Vielzahl von Stauden sowie der Rosengarten mit seiner Blütenpracht beeindrucken die Besucher.

Dass es viele Bielefelder lieben, sich in den warmen Monaten auf den Wiesen des Bürgerparks niederzulassen, dass sie hier lesen, picknicken, spielen oder auch nur sonnenbaden, hat Tradition. Dies taten sie auch schon in den 1950er Jahren, schon bald nachdem die im Krieg verwüstete Stadtoase wiederhergestellt worden war. Befürchtungen, durch eine derartige Nutzung der Grünflächen könnten selbige zerstört werden, bestätigten sich nicht.

Adresse Stapenhorststraße, Ecke Lampingstraße, 33615 Bielefeld | ÖPNV Stadtbahn 4 und 10, Haltestelle Rudolf-Oetker-Halle | Tipp Eine selbst ernannte Spelunke findet man im »Heimat + Hafen« (Stapenhorststraße 78), mit Rockmusik, Fußball-Liveübertragungen, Kneipenquiz oder Bingo.

42 Die Bürgerwache

Selbst ist der Mensch

Was wäre eine Stadt ohne Bürgerinitiative und ehrenamtliches Engagement? Ohne Vereine und freie Gruppen? Die Bürgerwache am Siegfriedplatz ist ein Symbol dafür, wie aktiv die Bewohner Bielefelds in dieser Hinsicht sind. Über 100 verschiedene Gruppen treffen sich hier mindestens einmal im Jahr. Sie kommen aus den Bereichen Kultur, Bildung, Politik, Umwelt, Soziales, Gesundheit und Nachbarschaftshilfe. Dabei ist die Bürgerwache selbst das Ergebnis bürgerschaftlichen Engagements.

Einst waren in dem Gebäude Polizei, Eichamt und Post untergebracht. Als die Polizei 1977 auszog, gründete sich eine Bürgerinitiative, die forderte, die Räumlichkeiten fortan von den Menschen des Stadtteils nutzen zu lassen. Die Initiative war erfolgreich; das Stadtteilzentrum konnte einziehen. Flohmärkte, Stadtteilfeste und andere ehrenamtliche Aktivitäten wurden organisiert. Als die Stadt 1994 das Haus aus Kostengründen schließen wollte, zeigte die Bürgerinitiative erneut, was zu bewegen sie imstande war. Seitdem führt sie das Stadtteilzentrum als Bürgerinitiative Bürgerwache e. V.

In mittlerweile rund vier Jahrzehnten Stadtteilarbeit in der Bürgerwache sind neben regelmäßig organisierten Stadtteilfesten und dem beliebten Trödelmarkt unter anderem auch eine Sozialberatungsstelle, eine Stadtteilzeitung und vielfältige kulturelle Angebote hinzugekommen.

Auch die KaffeeWirtschaft, ein Café, das im Sommer durch einen Biergarten ergänzt wird, bereichert das Haus und den Wochenmarkt auf dem Siegfriedplatz. Die Veranstaltungsräume sind für die vielen Vereine, Arbeits- und Interessensgruppen, die sich hier regelmäßig treffen, unersetzlich. Aber auch für private Feiern ist Platz in der Bürgerwache. Das Haus steht schließlich allen Bürgern offen. Egal, ob sich hier Yogis zum wöchentlichen Kurs oder Senioren zum Kaffeenachmittag treffen.

Adresse Rolandstraße 16, 33615 Bielefeld, www.bi-buergerwache.de | ÖPNV Stadtbahn 4, Haltestelle Siegfriedplatz | Öffnungszeiten KaffeeWirtschaft Mi und Fr ab 10 Uhr, Haus zu den Aktivitäten gemäß Website | Tipp Eine gemütliche Kaffeestube mit Weinbar findet man direkt in der Nachbarschaft im »Heinrich sein Enkel« (Rolandstraße 20).

43 Das Café de María

Oaxaca in Bielefeld

Aus der mexikanischen Sonne in den Bielefelder Regen – ein Kulturschock? Ja. Aber für Maria Zens zugleich auch eine wohlüberlegte Entscheidung. Die gebürtige Bielefelderin, die es nach dem Studium nach Mexiko zog, hatte den Traum vom eigenen Café – und zwar in Deutschland. Bei aller Liebe für die Leichtigkeit des Lebens in Mittelamerika: In der dortigen Arbeitswelt wurde sie nicht glücklich. Bevor sie ihren Traum jedoch umsetzte, besuchte Maria in Mexiko die Kaffeeplantage Finca El Pacifico in Oaxaca. Die ideale Vorbereitung, um alles über den Anbau, die Verarbeitung und natürlich die Zubereitung von Kaffee zu erfahren, um ihn später im eigenen Café perfekt zu servieren.

Auf der Suche nach dem geeigneten Standort wurde Maria in der Sudbrackstraße fündig. Nach dem Betreten des unscheinbaren Eckhauses wird man von südländischer Wärme und Gastlichkeit empfangen. Natürliche Orange- und Brauntöne dominieren den Raum, genau wie der große Holztisch in der Mitte, an dem man sich seinen Platz sucht. Wie in einer großen Familie sitzt man hier beisammen und plaudert.

Es scheint, als habe Maria die mexikanische Gastfreundschaft importiert, um sie über ihr Café in ganz Bielefeld zu verbreiten. Wer lieber für sich bleibt, nimmt an einem kleinen Tisch an der Seite Platz. Aber ganz gleich, wie und wo man sitzt, in jedem Fall genießt man frisch aufgebrühten Kaffee und liebevoll zubereitete Speisen. Es gibt eine Frühstücksauswahl, Mittagssnacks oder frisch gebackenen Kuchen, der zu jeder Tageszeit schmeckt.

Den Kaffee importiert Maria allerdings noch nicht direkt aus Mexiko. Sie verwendet Produkte von kleinen Röstereien aus Bielefeld und Umgebung, die hochwertige Ware aus fairem Anbau verarbeiten, die sie wiederum oftmals als Direktimporte beziehen. So haben alle etwas davon – die Kleinbauern aus den Kaffeeregionen sowie die Kunden, die den besten Kaffee genießen dürfen.

Adresse Sudbrackstraße 31, 33611 Bielefeld, www.cafedemaria.de | ÖPNV Bus 27, Haltestelle Meller Straße oder Stadtbahn 1 und 13, Haltestelle Sudbrackstraße | Öffnungszeiten Mo–Do 7–15 Uhr, Do zusätzlich 15–18 Uhr | Tipp Auf dem Abenteuerspielplatz, der sich an der Sudbrackstraße, Ecke Apfelstraße befindet, gibt es tolle Spielmöglichkeiten, ein pädagogisches Angebot und sogar tierische Bewohner.

44_Das Café Schlösschen

Auf ein Getränk im Klohäuschen

Als Bilen Rosenthal die Idee hatte, ihr Café in einem Klohäuschen einzurichten, müssen die Menschen in ihrem Umfeld sie für verrückt gehalten haben. Zumindest diejenigen, die das Häuschen noch nie gesehen hatten. All diejenigen, die zuvor schon einmal am Niederwall 44a waren, dürften ihr applaudiert haben. Denn schließlich ist das kleine Gebäude nicht irgendein ehemaliges Toilettenhaus, sondern ein denkmalgeschützter Bau mit ansprechender Architektur. Einst als Bedürfnisanstalt und Trinkhalle errichtet und genutzt, wurde er schon vor einigen Jahren zur Kneipe umgebaut. Seit 2013 ist es nun das Café Schlösschen, für dessen Realisierung Bilen Rosenthal der Metropole München den Rücken gekehrt hat und in ihre Geburtsstadt Bielefeld zurückgekehrt ist.

Der Name ist Programm, denn die Betreiberin hat ein ganz besonderes kleines Schmuckstück geschaffen. Der kleine, geschätzt 50 Quadratmeter umfassende Gastraum wurde fast ausschließlich mit ausgesuchten Secondhand-Möbeln ausgestattet, in der Theke sogar eine alte Werkbank verbaut. Neu hingegen und ein toller Blickfang ist der pinke Kühlschrank im Retrodesign, in dem die selbst gemachten Köstlichkeiten lagern, bevor sie serviert werden. Im Schlösschen gibt es nämlich nicht nur eine leckere Kuchenauswahl, sondern auch deftige Kleinigkeiten, die man unbedingt probiert haben sollte. Darunter auch viele vegetarische Speisen – sonntags sogar ein veganes Frühstücksbuffet.

Was dieses spezielle Örtchen so besonders macht, ist die Gemütlichkeit, die die bunt zusammengewürfelte, aber dennoch total stimmige Einrichtung und Dekoration ausstrahlt. Im Sommer chillt es sich großartig im lauschigen Biergarten des Schlösschens. Der wird von alten Bäumen gesäumt und durch den benachbarten Spielplatz begrenzt. Ein besonderer Tipp für Mütter, die hier in Ruhe ihren Kaffee schlürfen können, während der Nachwuchs beschäftigt ist.

Adresse Niederwall 44a, 33602 Bielefeld | **ÖPNV** Stadtbahn 1, 2, 4, 13 und 18, Haltestelle Landgericht | **Öffnungszeiten** täglich ab 11 Uhr, im Winter Mo geschlossen | **Tipp** Eine interessante Mischung aus Café und Designer-Modegeschäft findet man im Label Kitchen (Gehrenberg 5).

45 Die Delfter Kacheln

Blau-weißes Wunder im Treppenhaus

Das Crüwell-Haus am Alten Markt mit seinem spätgotischen Treppengiebel, dessen Stufen durch eine filigrane Maßwerkbekrönung verziert sind, gilt zu Recht als eines der schönsten Häuser in Bielefeld. Unabhängig von seiner schönen Fassade sollte man jedoch unbedingt einen Blick ins Innere werfen. Denn in dem von der Piggenstraße aus zugänglichen Treppenhaus verbirgt sich eine ganz besondere Sammlung, die der Kaufmann Richard Mitzlaff-Crüwell hinterließ: Rund 7.000 historische Delfter Kacheln aus dem 16. bis 18. Jahrhundert verzieren hier die Wände.

Die weißen Kacheln mit den blauen Motiven wurden seit dem Ende des 16. Jahrhunderts in den Niederlanden hergestellt. Zunächst waren sie noch mit bunten Ornamenten gestaltet. Erst später, als zunehmend chinesisches Porzellan importiert wurde, begannen die einheimischen Betriebe, die Darstellung mit einfarbig blauen Motiven zu imitieren. In Delft konnte ein Brennverfahren mit Zinnlasur entwickelt werden, das im Ergebnis eine Keramik lieferte, die der Optik von Porzellan sehr nahekam. Damit begann im 17. Jahrhundert der rasante Aufstieg der Delfter Keramik, die nicht nur in der gleichnamigen Geburtsstadt, sondern auch in anderen niederländischen Städten gefertigt wurde. Die großformatigen, von Ornamenten umrahmten Bildmotive wurden für Kachelöfen oder Wandverkleidungen verwendet und fanden nicht nur in Europa, sondern sogar darüber hinaus reißenden Absatz.

Bis heute sind Delfter Kacheln bei Antiquitätensammlern sehr beliebt. So hatte auch Richard Mitzlaff-Crüwell ein Faible für das Delfter Blau. Er führte den Familienbetrieb, der seit 1705 im Crüwell-Haus als Tabakfabrikation bestand, während des Zweiten Weltkriegs, in dem auch das historische Gebäude schwer beschädigt wurde. Beim Wiederaufbau fanden die blau-weißen Fayencen im Treppenhaus und in einem Verkaufsraum ihren öffentlich zugänglichen Platz.

Adresse Obernstraße 1b, 33602 Bielefeld | **ÖPNV** Stadtbahn 1, 2, 3, 4, 10 und 13, Haltestelle Rathaus | **Tipp** Am Ende der Piggenstraße unter der Adresse Welle 10 befindet sich der kleine Verkaufspavillon mit dem Namen »Petite Fleur«. Der Blumenladen überzeugt mit seiner geschmackvollen und kreativen Floristik.

46 Das Dürkopp Tor 1

Vom Industriekomplex zum Wohnquartier

Als der 1842 geborene Nikolaus Dürkopp seine Schlosserlehre absolvierte, ahnte er nicht, dass ihn diese Ausbildung zu einem der erfolgreichsten Bielefelder Unternehmer machen sollte. Während seiner Anstellung bei einem Uhrmacher und Feinmechaniker reparierte er immer häufiger Nähmaschinen. Schon bald entwickelte er selbst ein Modell und eröffnete 1867 seinen eigenen Betrieb. Dieser expandierte rasant und wurde 1885 um die Produktion von Fahrrädern erweitert, die schnell zu einem wichtigen Wirtschaftsfaktor der Stadt wurden. Später wurden auch Automobile hergestellt, und während der beiden Weltkriege fungierten die Dürkoppwerke als ein wichtiges Rüstungsunternehmen. Die Beschäftigung von zahlreichen Zwangsarbeitern während des Zweiten Weltkriegs und die Ernennung zum »Nationalsozialistischen Musterbetrieb« dürften – nicht aus wirtschaftlicher, jedoch aus humanitärer Sicht – die dunkelsten Kapitel der Unternehmensgeschichte sein.

Nichtsdestotrotz haben die Dürkoppwerke nicht nur die wirtschaftliche Geschichte, sondern auch das Stadtbild Bielefelds geprägt. Östlich des Niederwalls wuchs das Betriebsgelände über mehrere Straßenblocks hinweg. Seine Keimzelle lag im Tor 1 zwischen Niederwall, Nikolaus-Dürkopp-Straße, Marktstraße und Turnerstraße. Trotz weitreichender Zerstörungen im Zweiten Weltkrieg sind noch schöne historische Industriefassaden aus Backstein und Putz erhalten geblieben. Teilweise trotzten auch jene Brücken der Zerstörung, die die einzelnen Blocks der Dürkoppwerke miteinander verbanden.

1990 wurde das Werksgelände nach der Fusion mit dem Nähmaschinenhersteller Kochs Adler AG, der wie die Dürkoppwerke von FAG Kugelfischer übernommen worden war, aus der Bielefelder Innenstadt abgezogen. Im Häuserblock des Tor 1 ist eine moderne Transformation der ehemaligen Industriegebäude zu einem Komplex aus Wohnungen und gewerblich genutzten Flächen gelungen.

Adresse Nikolaus-Dürkopp-Straße, 33602 Bielefeld | **ÖPNV** Stadtbahn 18, Haltestelle Nikolaus-Dürkopp-Straße | **Tipp** Eine besondere Partylocation befindet sich Am Ostbahnhof 1. In dem 1904 als Bahnhofsgebäude errichteten Fachwerkhaus, das mit Graffiti verziert wurde, ist seit 2005 der kleine Club »Ostbahnhof« beheimatet.

47 Die Extra Blues Bar

Weltmusik für blaue Stunden

Die German Blues Awards haben es bewiesen: Ostwestfalen-Lippe ist das Bluesmekka Deutschlands. Auf dem im norddeutschen Eutin stattfindenden Blues-Festival werden jährlich die Preisträger der Awards verkündet. Im Jahr 2016 gingen die Preise in vier von zehn Kategorien nach OWL; einer davon an die Extra Blues Bar, die damit als bester Bluesclub Deutschlands ausgezeichnet wurde.

Bluesfans aus der Region überrascht das nicht. Schließlich ist das Extra eine Institution in Sachen Blueskonzerte. Jede Woche findet mindestens ein Konzert oder eine Session statt. Dabei geben sich nationale Bluesgrößen die Klinke in die Hand. Und auch namhafte internationale Gäste sind schon in dem kleinen Club im Tiefparterre aufgetreten. Michael van Merwyk sagt von sich selbst, die Extra Blues Bar habe ihn maßgeblich auf seinem Weg zum Bluesmusiker geprägt. Schließlich habe er hier in über 30 Jahren unzählige Bluesgrößen live gesehen und sei auch mit ihnen aufgetreten.

Ein solches Lob hat in der Szene Gewicht. Denn van Merwyk ist 2016 in Eutin gleich mit zwei Preisen in den Kategorien Gesang und Gitarre ausgezeichnet worden. Außerdem erreichte er mit seiner Formation Bluesoul den zweiten Platz bei der International Blues Challenge 2013 in Memphis. Es war das erste Mal in der Geschichte der Veranstaltung, dass eine europäische Band eine Platzierung erreichte.

Das Lob des Blues-Vizeweltmeisters geht posthum auch an den Gründer des Extra – Dieter Husmann, den meisten Gästen als Hussi bekannt. Er war es, der den Club 1983 aus der Taufe hob und ihn bis 2002 führte. Er lud die zahlreichen Bluesbands aber nicht nur in die Extra Blues Bar ein, sondern veranstaltete von 1997 bis 2002 auch den Blues-Zirkus am Leineweberring. Krankheitsbedingt übergab Hussi das Extra zunächst an seine Tochter Ina. Mittlerweile wird es vom Extra-Blues e. V. geführt.

Adresse Siekerstraße 20, 33602 Bielefeld, www.extrablues.wordpress.com | ÖPNV Stadtbahn 1, 2, 4, 13 und 18, Haltestelle Landgericht | Öffnungszeiten Mo–So ab 19 Uhr | Tipp Vom Blues zum Jazz sind es nur wenige Schritte: Der Bunker Ulmenwall (Kreuzstraße 0) hat sich durch seine besondere Atmosphäre sogar in der internationalen Jazzszene einen Namen gemacht.

48 Das Fächermuseum

Praktisch, filigran, majestätisch

London, Paris, Bielefeld. Wenn es um Fächer geht, müssen diese drei Städte in einem Atemzug genannt werden. Denn hier befinden sich die drei einzigen Fächermuseen, die es weltweit gibt. Dabei steht Bielefeld den beiden Metropolen in nichts nach. Das hiesige Fächermuseum, das Ausstellungsstücke aus fünf Jahrhunderten zeigt, ist das einzige, das vollständig privat finanziert wurde, da es aus der Sammlung des Ehepaares Barisch hervorgegangen ist.

1995 – nach bereits 15 Jahren Fächersammelleidenschaft – eröffneten die beiden in ihrem Privathaus das Fächermuseum. Ein Jahr zuvor hatten sie eine private Stiftung eingerichtet, die das Museum bis heute trägt. Die Ausstellungen wechseln regelmäßig und zeigen jeweils Fächer, die in einem thematischen oder zeitlichen Zusammenhang stehen. Dabei werden sie um passende modische Accessoires ergänzt. Denn nichts anderes waren die Fächer zu ihrer Zeit. Sie dienten als schmückendes Beiwerk, das zugleich noch den Zweck erfüllte, sich bei Überhitzung etwas frischen Wind zu verschaffen. Bis zum Beginn des 20. Jahrhunderts waren die Fächel-Hilfen aus der Garderobe der Damen nicht wegzudenken.

Als sie 1980 den ersten Fächer kauften, ahnten Günter und Marie-Luise Barisch noch nicht, wohin sie ihr neues Hobby führen sollte und welche Kontakte sich daraus ergeben würden. Ihr Buch »Fächer – Spiegelbilder ihrer Zeit« ist an vielen Museen und königlichen Höfen als Standardwerk vertreten. 2006 brachte ihnen eine Leihgabe von königlichen Fächern zum 50. Thronjubiläum der englischen Königin sogar eine persönliche Einladung in den Buckingham Palace ein.

Mittlerweile könnte das Ehepaar eigentlich seinen Ruhestand genießen und die Museumsarbeit komplett den Stiftungsmitarbeiterinnen überlassen. Aber sooft sie können, sind beide selbst vor Ort und erläutern den Besuchern gern Wissenswertes über die Fächer und ihre einstige Bedeutung.

Adresse Am Bach 19, 33602 Bielefeld, www.faechermuseum.de | **ÖPNV** Stadtbahn 1, 2, 4, 13 und 18, Haltestelle Landgericht | **Öffnungszeiten** Mi, Do 14.30–17.30 Uhr, Gruppen nach Vereinbarung | **Tipp** Am Klosterplatz liegt der Korff-Schmisinger Hof (Hagenbruchstraße 19), auch als Woermanns Hof bezeichnet. Das Fachwerk des Obergeschosses von 1640 ist mit Fächerrosetten verziert.

49 Das Feuerwehrmuseum

Die Retter vom Stadtholz

Der 3. Mai 1999 war ein besonderes Datum für die Berufsfeuerwehr in Bielefeld, denn an diesem Tag konnte sie ihr 100-jähriges Bestehen feiern. Grund genug, einen genauen Blick auf die Historie der Feuerwehr in Bielefeld zu werfen und auch die Öffentlichkeit daran teilhaben zu lassen. So wurden Exponate aus dem Bestand der Berufsfeuerwehr, von Freiwilligen und von Werksfeuerwehren zusammengesammelt. Aber auch aktive und pensionierte Feuerwehrleute steuerten zahlreiche Ausstellungsstücke aus ihren privaten Sammlungen bei.

So entstand eine Präsentation, die einen umfassenden Einblick in über 150 Jahre Feuerwehr- und Technikgeschichte in Bielefeld gab, die 1860 mit der Gründung der Freiwilligen Feuerwehr begann und 1899 in die Gründung der Berufsfeuerwehr mündete. Eigentlich nur für die Dauer des Jubiläumsjahrs konzipiert, fand die Ausstellung eine so positive Resonanz, dass sie dauerhaft eingerichtet und zum Feuerwehrmuseum aufgewertet wurde. So kann man sich seither nach vorheriger Anmeldung am authentischen Ort – auf dem Gelände der Hauptfeuerwache Bielefeld – von einem echten Feuerwehrbeamten durch das Haus führen lassen.

Auf 300 Quadratmetern im Dachgeschoss sind über 500 Exponate zu sehen. Darunter historische Uniformen, einige aus den ausländischen Partnerstädten Bielefelds. Aber auch viele technische Geräte wie eine alte Handdruckspritze, ein lederner Löschschlauch aus dem Jahr 1810, verschiedene historische Feuerlöscher und medizinische Geräte, die vom Rettungsdienst der Feuerwehr benötigt wurden. Besonders eindrucksvoll ist der kleine Raum, in dem eine Brandstelle nachgebildet wurde. Es handelt sich dabei um Originalexponate vom tragischen Brand im Bielefelder Bauernhausmuseum, aus einem Kindergarten und aus einem Privathaushalt. Hier sollen die Besucher dafür sensibilisiert werden, wie es zu einem Brand kommen kann und wie er sich ausbreitet.

Adresse Am Stadtholz 18, 33609 Bielefeld, www.feuerwehr-bielefeld.de/bf/museum | **ÖPNV** Bus 24, 25 oder 26, Haltestelle Seidensticker Halle | **Öffnungszeiten** auf Anfrage unter Tel. 0521/512301 oder Feuerwehr-Museum@feuerwehr-bielefeld.de | **Tipp** Direkt gegenüber dem Museum liegt die Seidensticker Halle. Äußerlich eher unauffällig, entpuppt sich diese mit absenkbarer Laufbahn und weiteren technischen Finessen als erstklassige Multifunktionshalle. Hier gibt es nicht nur vielfältige Sportveranstaltungen, sondern auch kulturelle Events.

50__Das Garten Eis Café

Genuss von Arminata bis Zitrone

Wer im Sommer auf der Suche nach einer süßen oder fruchtigen Abkühlung ist, sollte unbedingt den Hinterhof des bunt bemalten Hauses an der Teutoburger Straße 45 aufsuchen. Denn hier befindet sich seit rund 30 Jahren das Garten Eis Café.

Was daran so besonders ist? Natürlich das unglaublich leckere Eis, von dem man hier über 40 Sorten findet. Und die sind alle hausgemacht, nach eigener Rezeptur. Neben den klassischen gibt es auch einige besondere Sorten wie weiße Schokolade oder Müsli. Das Highlight ist aber unbestritten das Bielefella-Eis aus Joghurt mit Krokant und einem flüssigen Schokoladenkern. Seit Kurzem hat es Konkurrenz von Arminata bekommen, einem blauen (!) Vanilleeis mit Krokant. Wer es lieber vegan mag, kommt mit den vielen Fruchteissorten oder der veganen Schokolade auf seine Kosten.

Dass das Eis, das André Schulz und seine Mitarbeiter herstellen, so besonders gut schmeckt, liegt daran, dass seine Familie schon seit 1961 Erfahrung damit hat. Sein Großvater kaufte sich damals fünf Eismaschinen und belieferte elf Eisstände, die er selbst betrieb. Dagmar Kreft übernahm den Betrieb von ihrem Vater und baute 1987 den Hinterhof ihres Hauses zum Café um. Ein weiterer Grund, warum man sein Eis ausgerechnet hier genießen sollte. Denn hier sitzt man unter freiem Himmel, zwischen efeubewachsenen Wänden und an bunt zusammengewürfeltem Mobiliar, und genießt seinen Eisbecher. Eine angenehme Alternative zu den meist eher steril eingerichteten Eiscafés, wie man sie sonst so kennt.

Seit 2010 führt André Schulz in dritter Generation das Café. Geändert hat sich seit dem Generationenwechsel nichts. Die Qualität des Eises ist nach wie vor hoch und der Service weiterhin ausgesprochen freundlich. Dagmar Kreft unterstützt ihren Sohn dabei nach besten Kräften. Und die Kunden bleiben ihrer Lieblingseisdiele treu!

Adresse Teutoburger Straße 45, 33604 Bielefeld, www.garten-eis-cafe.de | **ÖPNV** Stadtbahn 2, 12 und 13, Haltestelle Teutoburger Straße | **Öffnungszeiten** April–Sept. Mo–So 11–21 Uhr | **Tipp** Eine althergebrachte Runde kegeln gehen, allerdings in modern renoviertem Umfeld, kann man im Zum Siekerfelde (Ehlentruper Weg 30).

51_Die Goja Würzbar

Pfeffer und Salz der Erde

Auf der Suche nach dem besonderen Geschmackserlebnis? Dann kommt man an der Goja Würzbar nicht vorbei. Zunächst von den Augen geleitet, wird die Kundschaft von den unzähligen Dosen, Gläsern und Flaschen angezogen, die dekorativ in den Regalen aufgereiht stehen. Gewürze, Öle, Essige, Pestos, Honige und einiges mehr werden in hübschen Verpackungen feilgeboten. Als Nächstes wird der Geruchssinn angesprochen. Denn vor dem Kauf kann man an den verschiedenen Gewürzen schnuppern. Das empfiehlt sich besonders für die Gewürzmischungen, die eigens für die Würzbar kreiert wurden. Egal, ob italienisch, arabisch, asiatisch oder südamerikanisch gekocht wird – von der Falafel-Würzmischung über das Argentinia Grillgewürz bis zur Lebkuchen-Mischung ist alles da, was der Gaumen begehrt. Allein die Auswahl aus rund einem Dutzend Salzen – wohlgemerkt ohne die Salzmischungen mitzuzählen – lässt Gourmetherzen höherschlagen. Neben dem hawaiianischen Salz, das durch vulkanische Tonerde rot gefärbt wurde, oder den pyramidenartigen Salzflocken, die aus dem Indischen Ozean gewonnen wurden, wirkt das sonst so beliebte Fleur de Sel fast schon ein wenig langweilig. Glücklicherweise ist geschultes Personal vor Ort, das bei der Auswahl des passenden Produkts beratend zur Seite steht.

Das Besondere an den Goja-Gewürzen und -Mischungen ist die eigene Herstellung. Die Würzbar gehört nämlich zur Alba Gewürzmühle, die bereits 1907 Rohware nach Bielefeld importiert und hier weiterverarbeitet. Dabei wird Wert auf höchste Qualität und eine große Vielfalt gelegt. Die weiteren Produkte, die das Sortiment in der Würzbar ergänzen, werden von ausgewählten Manufakturen bezogen. Besonderer Blickfang im Laden: die Kältekammer für das »dry aged« Rindfleisch. Nach sechs- bis achtwöchiger Reifezeit ist es besonders zart und hat einen buttrig-nussigen Geschmack entwickelt.

Adresse Welle 6, 33602 Bielefeld, www.goja-wuerzbar.de | **ÖPNV** Stadtbahn 1, 2, 3, 4, 10 und 13, Haltestelle Rathaus | **Öffnungszeiten** Mo – Fr 10 – 18.30 Uhr, Sa 10 – 16 Uhr | **Tipp** Wer zu seinen neuen Gewürzen noch die richtigen Feinkost-Zutaten in Bio-Qualität sucht, wird bei Löwenzahn (Welle 15) fündig.

52 Das Haus Müller

Die erste Dr.-Oetker-Versuchsküche

Die Fassade aus behauenen Sandsteinquadern, der Giebel mit einer Fachwerkfront. Das Haus Müller kommt ohne kleinteilige Verzierungen oder Schnörkel aus und beeindruckt dennoch mit seinem schlichten mittelalterlichen Erscheinungsbild. 1485 als Dielenhaus erbaut, ist es heute das älteste Bürgerhaus der Stadt. Eine Inschrift mit der Jahreszahl 1592 führte die Stadthistoriker lange Zeit in die Irre, was das Baujahr betrifft. Doch dendrochronologische Untersuchungen brachten das wahre Alter des Hauses ans Licht. Der Dachstuhl, die Außenwände aus Bruchstein sowie Teile der Sandsteinfassade waren aus dieser Zeit erhalten geblieben. Bei dem 1592 erfolgten Umbau wurde ein Teil der Fassade erneuert, und der Fachwerkgiebel entstand.

Vermutlich als Kaufmannshaus errichtet, hatte das Haus wechselnde Eigentümer, ehe es 1870 von der Bäckerfamilie Müller erworben wurde. In ihrem Besitz blieb es bis 1991. Dass das Gebäude die Kriegszerstörungen, von denen auch die Nachbarhäuser betroffen waren, mit nur wenigen Beschädigungen überstanden hat, soll an der Nutzung als Bäckerei gelegen haben. Es wird vermutet, dass das auf dem Dachboden gelagerte Mehl dazu geführt hat, dass die Brandbomben verpufften.

Das Haus Müller hat aber noch eine weitere, ganz besondere Geschichte zu erzählen, die es ebenfalls der Bäckerfamilie zu verdanken hat. 1891 unterstützte Bäckermeister Müller den neuen Inhaber der Aschoff'schen Apotheke in der Niedernstraße dabei, Experimente mit einem neu entwickelten Backpulver durchzuführen. Sein Name: Dr. August Oetker. Dieser kam stets mit drei bis vier Pappbeutelchen vorbei und überwachte jeden Arbeitsschritt, den die Bäcker mit seinem Pulver tätigten. Nach etwa einem Jahr wurde die Versuchsküche nach Hause zu Oetkers Frau Caroline verlegt. Der Rest ist Geschichte. Und zwar eine sehr erfolgreiche, mit der auch das Haus Müller für immer verbunden sein wird.

Adresse Obernstraße 51, 33602 Bielefeld | ÖPNV Bus 21, 22, 24, 28, 87 und 95, Haltestelle Kunsthalle | Tipp Im rückwärtigen Teil des Hauses befindet sich die Jivino Enoteca, eine gemütliche Tapasbar mit kleinem Garten.

53 Das Historische Museum

Industriegeschichte der Leineweberstadt

Im Bereich rund um die Bielefelder Altstadt befinden sich an vielen Stellen bemerkenswerte historische Industriebauten. Die eindrucksvollste unter ihnen ist die Ravensberger Spinnerei, die mit diversen Nebengebäuden in eine Parkanlage eingebettet ist. Im Inneren des fast schlossartig anmutenden Hauses befindet sich heute die Volkshochschule; in einem Gebäudekomplex dahinter ist das Historische Museum beheimatet.

Auf anschauliche Weise stellt es die Geschichte Bielefelds seit den Anfängen der Stadt im frühen 13. Jahrhundert dar. Entsprechend der Historie des Ortes widmet sich ein großer Teil der Ausstellung der Industrialisierung im 19. und 20. Jahrhundert. Dabei werden die Zusammenhänge von wirtschaftlicher Entwicklung und gesellschaftlichem Wandel aufgezeigt.

So empfängt die Besucher bereits im Vorraum Bielefelds älteste Dampfmaschine aus dem Jahr 1842. Sie ist eine der betagtesten ihrer Art, die in Deutschland erhalten blieben. Eindrucksvoll ist auch die in der Präsentation dargestellte Reaktion der Spinner und Heuerlinge auf die technische Revolution: Sie wandten sich in einem Appell an ihren Oberpräsidenten und baten darum, zu verhindern, dass »jene unheilbringende Maschine, die fürchterliche Geißel der Menschheit, erbaut« werde.

In der Haupthalle des Museums werden die wichtigsten Zweige der Bielefelder Industriegeschichte nahezu lebendig. So gibt es etwa verschiedene Webstühle, an denen heute noch das Leinenweben, für das Bielefeld einst so berühmt war, vorgeführt werden kann. Daneben präsentiert das Museum verschiedene Produkte der Metallindustrie – Nähmaschinen, Registrierkassen, Fahrräder, Motorräder und sogar ein Auto –, die damals in Bielefeld hergestellt wurden. In einem historischen Straßenbahnwagen kann man zudem anhand von Videoaufnahmen eine Fahrt durch das Bielefeld verschiedener Jahrzehnte unternehmen.

Adresse Ravensberger Park 2, 33607 Bielefeld, www.historisches-museum-bielefeld.de | **ÖPNV** Bus 21, 22, 29, 350 und 351, Haltestelle Volkshochschule | **Öffnungszeiten** Mi–Fr 10–17 Uhr, Sa, So 11–18 Uhr, Feiertage gemäß Website | **Tipp** Schwimmen mit Blick auf die Ravensberger Spinnerei kann man im Wiesenbad (Werner-Bock-Straße 34), das als Erlebnisbad mit extralanger Wasserrutsche und weiteren Attraktionen gestaltet wurde.

54 Der Hochbunker Nr. 7

Architektur-Highlight aus Kupfer und Beton

An der Neustädter Straße zieht ein massives Gebäude mit außergewöhnlicher Architektur die Blicke auf sich. Von der Straßenecke an der Breiten Straße aus ist gut erkennbar, dass es sich dabei um einen ehemaligen Luftschutzbunker handelt. Der Hochbunker Nr. 7 stammt aus dem Jahr 1942 und sollte auf fast 1.500 Quadratmetern Platz für die Zivilbevölkerung bieten. Im Kalten Krieg wurde er nochmals reaktiviert und zum Schutz vor ABC-Waffen mit einer Luftfilterung aus Sand ausgestattet. Zu diesem Zweck wurde an beiden Längsseiten ein Erker angebaut, gleich jenem, der heute noch zwischen den beiden Fenstern erhalten ist. Nach Jahrzehnten des Leerstands, in denen der Bunker hinter einer wuchernden Efeuwand aus dem Blickfeld der Öffentlichkeit verschwunden war, wurde er 2012 zu Wohnungen und einer Ladenfläche umgebaut.

Wie jedes Mal, wenn ein Bunker vollständig oder auch nur teilweise abgerissen werden soll, stellt dies die Abbruchfirmen vor eine gewaltige Herausforderung. Schließlich wurden die Betonklötze so konzipiert, dass sie selbst einem Bombenangriff standhalten sollten. In diesem Fall hatten die Betonfräsen mit zwei Meter dicken Stahlbetonwänden und einer bis zu 2,50 Meter dicken Dachdecke zu kämpfen. Nach dem Teilabbruch sollte nur wenig mehr als zwei Außenwände stehen bleiben, was den Nachbarn einiges an Lärmresistenz abverlangte. Doch nachdem dieser Teil überstanden war, sollte der Um- und Anbau den Bunker zum neuen Hingucker im Straßenzug machen.

Seither scheint der neue Anbau förmlich aus der alten Bunkerwand herauszuwachsen. Während das Erdgeschoss mit der Gewerbefläche als Glassockel konzipiert wurde, ist die darüberliegende Fassade mit verschiedenen Kupferpaneelen verkleidet. So ergibt sich eine verhältnismäßig kleinteilig strukturierte Oberfläche, die einen interessanten Kontrast zum massiven Grau der Betonwand bietet.

Adresse Neustädter Straße 17, 33602 Bielefeld | **ÖPNV** Stadtbahn 1, 2, 4, 13 und 18, Haltestelle Landgericht | **Tipp** Direkt gegenüber in der Neustädter Straße 4 können sich die Herren bei Schneidermeister Bernd Lotte mit einem neuen Maßanzug einkleiden lassen.

55 Das Kachelhaus

Von der Provokation zur Restauration

Es ist schon ein echter Hingucker: das Eckhaus in der Bielefelder Altstadt, das vollständig mit Meißener Kacheln in Grün und Beige verkleidet ist. So sah es auch schon aus, als es 1928 errichtet wurde. Schließlich war und ist das Gebäude, das Bauherr Wilhelm Harms bei seinem Freund und Architekten Paul Löwenthal in Auftrag gab, ein echtes Unikat. Was heutzutage als architektonische Besonderheit Interesse weckt, wurde zur Zeit seiner Fertigstellung jedoch als Provokation empfunden. Viele Bielefelder störten sich an dem außergewöhnlichen Haus. Den Bauherrn plagten unterdessen nur die immensen Summen, die der Bau verschlang. Dies lag jedoch nicht an der Bauausführung oder den eigens in Meißen gebrannten Kacheln, sondern an dem Treibsand, der sich unter dem Gebäude befand und eine Neuplanung erforderlich machte.

Im Inneren des Hauses, wo ein Teil der Wände ebenfalls mit Kacheln verblendet ist, befanden sich im Laufe der Jahrzehnte unterschiedliche Geschäfte. Von 1983 bis 2010 war darin ein Feinkostgeschäft ansässig. Nach einem kurzen Intermezzo als Konditorei beherbergt das Kachelhaus seit 2012 ein Restaurant. Die Inneneinrichtung versprüht einen Hauch Nostalgie und fügt sich damit gut ins Ambiente des Hauses ein. Herzstück des Gastraums ist der neun Meter lange Holztisch, dessen Unterkonstruktion aus dem ehemaligen Tresen des Verkaufsraums gefertigt wurde. Im Treppenhaus, das ins Untergeschoss führt, hängen historische Aufnahmen, die die Vergangenheit des Kachelhauses lebendig werden lassen.

Doch bei aller Geschichtsverbundenheit – die Speisekarte des Restaurants ist nicht angestaubt. Stattdessen wird eine moderne Auswahl an Speisen angeboten, wo sich neben Klassikern wie Pizza oder Tapas auch echte Besonderheiten wie russische oder turkmenische Teigtaschen wiederfinden. Rappelvoll wird das Kachelhaus jedoch meistens an den Wochenenden zum Frühstücksbuffet.

Adresse Hagenbruchstraße 13, 33602 Bielefeld, www.kachelhaus-bielefeld.de | **ÖPNV** Bus 21, 22, 24, 27, 28, 29, 31, 87, 95 oder 185, Haltestelle Klosterstraße | **Öffnungszeiten** Mo–Sa ab 8 Uhr, So ab 9 Uhr | **Tipp** Das vielleicht beste Sushi der Stadt bekommt man im kado (Arndtstraße 10) serviert. Abends sollte man reservieren.

56 Die Kamera

Ausgezeichnete Filmkunst

Kleine Programmkinos, die ihren Besuchern eine Filmauswahl abseits des Mainstreams bieten, gibt es eine ganze Reihe in Bielefeld. Cineasten bezeichnen die Stadt sogar als eine heimliche Filmkunstmetropole – ohne Augenzwinkern. Die »Kamera« ist darunter das älteste und renommierteste Programmkino. Es wurde 1950 von Carl Aul begründet, der als Bielefelder Filmkunstpionier gilt. Aul begann zunächst mit Kinovorführungen im Haus der Technik am Jahnplatz. Da er im dortigen Saal nur in zeitlich begrenztem Rahmen Filme vorführen konnte, zog er mit seinem Lichtspielhaus sieben Jahre später in eigene Räumlichkeiten.

Damit sich sein Kino von der Konkurrenz abhob, wählte Aul für sein Programm künstlerisch anspruchsvolle Filme aus. Schnell konnte die Kamera sich dadurch auch über die Stadtgrenzen hinaus etablieren. Und es dauerte auch nicht lange, da erhielten Carl Aul und sein Kino die ersten Auszeichnungen. 1976 wurde er sogar mit dem Bundesfilmpreis, wie damals der Deutsche Filmpreis hieß, geehrt. Als erster Kinobesitzer in der Geschichte des Preises erhielt er diesen in der damaligen Ehrenkategorie »Langjähriges und hervorragendes Wirken im deutschen Film«.

Was Aul darüber hinaus ausmachte, war seine Nähe zu den Besuchern. Beim Kartenabreißen begrüßte er seine Gäste und wechselte ein paar nette Worte mit ihnen. Die Kinofilme suchte er nicht nur nach persönlichem Geschmack und Anspruch aus, ihn interessierte zugleich auch die Meinung des Publikums dazu. Zur Kamera gehörten daher auch die legendären Bewertungsboxen mit drei Schlitzen für »gut«, »mittel« oder »abgelehnt«, in die die Besucher ihre Karten nach der Vorstellung einwarfen.

Heute geht es in der Kamera natürlich etwas moderner zu, mit elektronischem Kassen- und Buchungssystem und digitaler Vorführtechnik. Der Anspruch an das Programm ist aber genau wie zu Carl Auls Zeiten auszeichnungsverdächtig geblieben.

Adresse Feilenstraße 2–4, 33602 Bielefeld, www.kamera-filmkunst.de | ÖPNV fast alle Bus- und Stadtbahnlinien, Haltestelle Hauptbahnhof | Öffnungszeiten zu den Vorstellungen gemäß Website | Tipp In der 6. Etage der Feilenstraße 4 liegt das Trotz-Alledem-Theater. Seit mehr als drei Jahrzehnten inszeniert es erfolgreich Stücke für Kinder und Jugendliche.

57 Das KAMP

Hier war schon der Uropa jung

Gemeinsam kochen, kreativ sein, Musik machen, Filme gucken und vieles mehr … Das ist es, was seit Generationen Kinder und Jugendliche in das Haus am Niedermühlenkamp 43 zieht. Bereits 1928 als Kinderzentrum eröffnet, ist das KAMP seit 1964 ein Haus der offenen Tür. Dies bedeutet niedrigschwellige Angebote, an denen die jungen Nutzer ohne Anmeldung oder Mitgliedschaft teilnehmen können. Damit ist das KAMP das älteste Jugendzentrum Deutschlands.

1973, in einer Zeit, als sich Jugendliche in vielen Städten um den Aufbau von autonomen Jugendzentren bemühten, besetzte die Bielefelder Jugend auch das KAMP. Das Zentrum sollte aus der städtischen Trägerschaft herausgenommen werden und von den Jugendlichen selbst verwaltet werden. Die Polizei räumte das Haus, und die städtische Trägerschaft blieb. Zumindest bis 2002. Damals fiel das KAMP den städtischen Haushaltskürzungen im Sozialbereich zum Opfer. Glücklicherweise fand sich mit den »Falken Bielefeld« ein neuer Träger, der das Haus übernahm und mit ihm die vielfältigen Angebote, die seither kontinuierlich ausgebaut werden.

Die Falken sind eine bundesweit aktive Kinder- und Jugendorganisation, die aus der sozialistischen Arbeiterbewegung hervorgegangen ist. Der Bielefelder Ortsverein ist neben dem KAMP unter anderem noch Träger von drei Kindertagesstätten, einem Stadtteilzentrum sowie der Manufaktur auf dem Halhof. Im KAMP bietet der Träger ein vielfältiges Programm, das nicht nur auf die verschiedenen Altersklassen abgestimmt ist, sondern sich auch der speziellen Bedürfnisse einzelner Gruppen annimmt. So haben die Teenies von 10 bis 12 Jahren ihren eigenen Raum, und es gibt separate Mädchen- und Jungentage für Kinder. Auch die schwulen, lesbischen sowie Trans-Jugendlichen haben ihren eigenen Treff. Wieder andere schließen sich nach ihren Interessen zusammen und treffen sich zu Bandproben oder zum Schachspielen.

Adresse Niedermühlenkamp 43, 33604 Bielefeld, www.jzkamp.de | ÖPNV Bus 21, 22 und 29, Haltestelle Ravensberger Park | Öffnungszeiten für Kinder und Jugendliche gemäß Website | Tipp Gleich zwei Kirchen, die eine für Bielefeld eher ungewöhnliche Architektur aufweisen, liegen in direkter Nachbarschaft zueinander: die katholische Liebfrauenkirche (Fritz-Reuter-Straße 5) von 1934 und die evangelische Jakobuskirche (Jakobusstraße 3), die 1912 in einer Mischung aus Jugendstil und Reformarchitektur errichtet wurde.

58 Die Kasematten

Nichts für Klaustrophobiker!

Die Sparrenburg ist das Wahrzeichen Bielefelds und einer der Besuchermagneten schlechthin. Schließlich lohnt sich der Aufstieg, denn vom 37 Meter hohen Burgturm bietet sich der beste Rundumblick über die Stadt. Genauso lohnend ist aber auch ein Abstieg – der in die Kasematten, das unterirdische Gängesystem der Anlage, führt.

Eine Strecke von fast 300 Metern umfassen die unterirdischen Wege und Plätze, die im 16. Jahrhundert angelegt wurden, als die Sparrenburg zur Festung ausgebaut wurde. Diese Gefechtsräume mit Schießscharten wurden zwar oberirdisch als Ring um die alte Burg erbaut, sie wurden jedoch anschließend mit Erdreich bedeckt und somit zu einem Gänge- und Höhlensystem. Von dicken Steinmauern geschützt, verteidigten die Soldaten damals aus den Kasematten heraus die Burg. Wer einen Einblick in das äußerst durchdachte Verteidigungssystem bekommen möchte, kann im Sommerhalbjahr an einer Führung durch die Kasematten teilnehmen und dabei einiges entdecken. Beispielsweise, dass es hier einen unterirdischen Aufenthaltsraum gab, der mit einem Abzugsschacht für eine offene Feuerstelle und Backstube ausgestattet war. Interessant sind auch die baulichen Tricks, mit denen Feinde abgewehrt werden sollten.

Die Führung erstreckt sich jedoch nur auf den südöstlichen Teil der Anlage. Den nordwestlichen Teil haben unzählige Fledermäuse für sich entdeckt, die nicht gestört werden sollen. Daher werden hier nur selten Führungen veranstaltet. 14 Fledermausarten konnten in den letzten Jahren nachgewiesen werden, die in den engen Spalten und Höhlen leben und überwintern. Aus diesem Grund stehen auf der Sparrenburg insgesamt sechs Hektar Fläche unter Naturschutz. Damit soll nicht nur das Höhlensystem als unterirdisches Quartier der Tiere geschützt werden, sondern auch die Außenanlagen. Denn hier muss ein gewisser Artenreichtum gesichert werden, um den Fledermäusen genug Futter zu bieten.

Adresse Am Sparrenberg 40, 33602 Bielefeld, www.sparrenburg.info | ÖPNV Stadtbahnlinie 1, Haltestelle Adenauerplatz (10 Minuten Aufstieg zum Sparrenberg) oder mit dem Sparrenmobil vom Brunnenplatz (Obernstraße) direkt zur Burg | Öffnungszeiten Führungen April–Okt. täglich 12 und 14.30 Uhr, So und Feiertage zusätzlich 16 Uhr | Tipp Von der Sparrenburg aus kann man einen Spaziergang auf der Promenade unternehmen, die eine schöne Aussicht auf die Stadt und Umgebung bietet.

59 Der Kesselbrink

Wo einst das Vieh graste

Ein zwei Hektar großer Platz inmitten der Stadt. Hier üben Skater ihre Tricks, und Boulespieler lassen die Kugeln klacken. Jugendliche treffen sich auf den Liegewiesen, und Kinder toben bei den Wasserspielen. An drei Tagen in der Woche herrscht zudem reges Markttreiben. Das ist der Kesselbrink.

Dass dieser Platz heute so voller Leben ist, ist den Umbaumaßnahmen, die von 2011 bis 2013 vorgenommen wurden, zu verdanken. Zuvor wurde er jahrzehntelang als Parkplatz und zentrale Bushaltestelle genutzt und glich daher eher einer grauen Betonwüste. So haben ihn die meisten Bielefelder in Erinnerung. Die Älteren können sich vielleicht noch daran erinnern, dass der Platz nach den Kriegsjahren als unbefestigter Park- und Marktplatz genutzt wurde. Dass der Kesselbrink eine lange und wechselvolle Geschichte hinter sich hat, wissen die wenigsten.

Im Mittelalter lag der Platz noch außerhalb der Stadt. Damals diente er als Viehweide. Zugleich konnte der Dung, der auf der Weide anfiel, für den Ackerbau genutzt werden. Aus diesem Grund hieß die Fläche ursprünglich Köttelbrink, woraus später der heutige Name entstand. Im Jahr 1666 wandelte sich die Nutzung des Platzes schlagartig, als darunter eine Heilquelle entdeckt wurde. Es wurde ein Badebetrieb eingerichtet, und Bielefeld wollte schon Kurstadt werden, aber die Quelle versiegte.

Ab dem 18. Jahrhundert begann die Nutzung als Exerzierplatz, was den Kesselbrink vor der späteren Parzellierung bewahrte, die ansonsten in der ganzen Feldmark Bielefelds vorgenommen wurde. So blieb er als Freifläche erhalten, auch als die Feldmark immer weiter bebaut wurde und sich der Kesselbrink irgendwann inmitten des Stadtgebietes als großer Platz wiederfand. Im 19. Jahrhundert pulsierte hier das Leben mit Gasthäusern, Kirmes und Zirkus. 1960 begann man mit dem Bau der damals größten Tiefgarage Deutschlands – unter dem Kesselbrink.

Adresse Kesselbrink, 33602 Bielefeld | **ÖPNV** Bus 21, 22, 24, 25, 26, 27, 28 und 29, Haltestelle Kesselbrink | **Tipp** Eine Institution im Bielefelder Nachtleben ist Mutti's Bierstube direkt am Kesselbrink (Friedrich-Verleger-Straße 20). Seit 1972 gibt es diese Gay-Kneipe, in der jedermann und -frau willkommen ist.

60__Klötzer Delikatessen

Wo der Gaumen lacht

Als Ilse und Clemens Klötzer Ende 1945 ihr Feinkostgeschäft an der Straßenecke von Wertherstraße und Dornberger Straße eröffneten, wurden sie in Bielefeld zunächst für ihre einzigartigen hausgemachten Sahneheringe bekannt. Mittlerweile ist Klötzer Delikatessen in der Hand ihres Enkels Olaf und seiner Frau Julia und zu einer Institution für Feinschmecker geworden. Auch heute noch werden Salate, Süßspeisen, Antipasti, Kuchen, Gebäck, Pasteten und Suppen selbst hergestellt. An den Frischetheken von insgesamt 30 Metern Länge werden sie durch regionale und internationale Fleisch-, Wurst- und Käsespezialitäten ergänzt. Dabei legen die Klötzers selbstverständlich großen Wert auf Qualität und Frische.

So findet sich auf rund 190 Quadratmetern nahezu alles, was der Gaumen begehrt. Ganz gleich, ob internationale Spezialitäten oder frisches Fleisch aus der Region, ob erlesene Weine oder ausgewählte Kaffeeröstungen, hausgemachte Chutneys oder Marmeladen: Bei Klötzer wird man stets fündig, wenn man zu Hause etwas Besonderes auftischen möchte. Für Veranstaltungen bieten die Klötzers auch einen Cateringservice an, bei dem man sogar ein Acht-Gänge-Menü buchen kann.

Es wird jedoch auch direkt vor Ort gespeist. Zum Beispiel bei der traditionellen »Hummernummer«. Dabei werden Schalentiere aller Art – vom Namenspaten über Langusten und Taschenkrebse bis hin zu Austern und Schnecken – serviert. Begleitend dazu werden passende Weine verkostet. Oder aber man lässt sich direkt im benachbarten zugehörigen Restaurant, dem Klötzer's, nieder oder wagt in kleiner Gruppe eine Kostprobe im Tasting-Room. Dass hier auf hohem Niveau und mit den erlesensten Zutaten gekocht wird, versteht sich von selbst. Schließlich befindet sich die Quelle für die ausgewählten Produkte direkt im Haus. Da überrascht es nicht, dass das Klötzer's in sämtlichen Gourmetführern erwähnt wird.

Adresse Niedernstraße 41, 33602 Bielefeld, www.kloetzer-delikatessen.de | **ÖPNV** Bus und Stadtbahn fast alle Linien, Haltestelle Jahnplatz | **Öffnungszeiten** Mo–Do 10–18.30 Uhr, Fr 9.30–18.30 Uhr, Sa 9.30–16 Uhr, Restaurant Di–Sa 12–24 Uhr | **Tipp** Geschichten für die ganz Kleinen werden auf liebevolle Weise im Puppentheater von Dagmar Selje erzählt, das in der Herforder Straße 5–7 sein Zuhause gefunden hat.

61 Das Krankenhausmuseum

Pflege und Medizin anno dazumal

Wie viele Betten gab es in den 1950er Jahren in einem Krankenzimmer? Wie verrichteten Patienten ihr Geschäft, als das Krankenhaus noch nicht an die Kanalisation angeschlossen war? Das Krankenhausmuseum veranschaulicht seinen Besuchern, welch hohen medizinisch-pflegerischen Standard wir heutzutage genießen können. Das ist nicht nur für angehende Mediziner oder Pflegepersonen interessant, sondern auch für Laien. Egal, ob Herzschrittmacher, historische Spritzen, Katheter und Salben oder aber das Herzstück des Museums – eine Eiserne Lunge: Zu allen Ausstellungsstücken erfährt man, was es mit ihnen auf sich hat. Das Personal in dem kleinen Museum gibt jederzeit fachkundig Auskunft über die Exponate. Viele der hier ehrenamtlich Tätigen haben einen medizinischen oder pflegerischen Beruf erlernt und kennen etliche der ausgestellten Stücke bereits aus ihrer Lehrzeit.

Das überrascht nicht, wenn man weiß, dass die ersten gesammelten Objekte aus der städtischen Krankenpflegeschule stammen. Wann immer man in der Vergangenheit auf den Bielefelder Krankenstationen Material ausmusterte, wurde ein Teil der Untersuchungsgeräte und sonstigen Utensilien der Schule übergeben, um sie dort als Anschauungsmaterial weiter zu nutzen.

Anlässlich einer Ausstellung zum 100-jährigen Bestehen des Klinikums Bielefeld-Mitte im Jahr 1999 kamen Fotos und Dokumente zur Geschichte des Krankenhauses hinzu.

So entstand die Idee, diese Materialien in ein öffentlich zugängliches Krankenhausmuseum zu überführen. 2004 gründete sich ein Verein, der dies umsetzte und heute mit einer aktiven Gruppe Ehrenamtlicher das Museum lebendig hält. Die Mitglieder richten Wechselausstellungen ein, führen Gäste durch die Ausstellung und entwickeln Ideen für besondere Veranstaltungen. Dazu gehören beispielsweise Einblicke in endoskopische Operationen, die zu den »Bielefelder Nachtansichten« ermöglicht werden.

Adresse Eduard-Windthorst-Straße 23, 33604 Bielefeld, www.krankenhausmuseum-bielefeld.de | ÖPNV Stadtbahn 3, 10 und 18, Haltestelle Krankenhaus Mitte | Öffnungszeiten So 14–17 Uhr oder nach Vereinbarung unter Tel. 0521/5812267 | Tipp »Wundersame Dinge« kann man bei Eisenherz (Oelmühlenstraße 97) entdecken. Übersetzt heißt das: schöne Dekoartikel, kreative Floristik und Wohnberatung nach Feng-Shui.

62 Der Kunstraum Rampe

Kunst in der Wäscherei

Kunststadt Bielefeld. Die Hauptstadt Ostwestfalens zeichnet sich nicht nur durch die angesehene Kunsthalle und den Kunstverein aus, sondern überzeugt auch mit einer ganzen Reihe von Galerien. Jede einzelne stellt Jahr für Jahr ein anspruchsvolles Programm auf die Beine. So auch der Kunstraum Rampe, in dem jährlich fünf bis sechs Ausstellungen oder Projekte zu sehen sind. Dabei wird vornehmlich junge und noch wenig etablierte regionale Kunst von einem festen Künstlerstamm gezeigt.

Das Besondere an der Rampe ist, dass sie völlig unprätentiös daherkommt. 1994 startete sie als das, was man heute als Pop-up-Galerie bezeichnen würde – ein Kunst- und Kulturforum der hiesigen Kunstszene, das an wechselnden Orten für jeweils zwei Tage sein Lager aufschlug. Auch diese Standorte waren eher schlicht gewählt. Darunter beispielsweise eine ausrangierte Firmenkantine oder ein Autohaus. Die erste Ausstellung fand in einer einfachen Lagerhalle statt, die über eine große Rampe verfügte. Letztere gab der mobilen Galerie den Namen, der auch noch erhalten blieb, als sie 1998 sesshaft wurde. Das seither genutzte Gebäude liegt unscheinbar in einem Hinterhof und verrät nur durch die großen Buchstaben auf dem Garagentor, was sich hinter seiner Fassade verbirgt.

In den 1960er Jahren wurde das Haus als Färberei und Wäscherei genutzt. Der karierte Fußboden ist ein authentisches Überbleibsel aus dieser Zeit. Auch sonst gibt es keinen stylishen Schnickschnack in den Räumen, sondern Schlichtheit pur. Dafür darf die Kunst hier im Vordergrund stehen. Einmal im Jahr, am Totensonntag, gibt es den Black Market: eine Gruppenausstellung, die zurück auf die vergangenen und voraus auf die kommenden Ausstellungen blickt. Für ein paar Wochen wird die Rampe zum Sommeratelier, in dem die Besucher dem Künstler bei der Arbeit zusehen können – wie 2016 dem Foto-Designer Peter Wehowsky.

Adresse Neustädter Straße 9, 33602 Bielefeld, www.kunstraum-rampe.de | **ÖPNV** Stadtbahn 1, 2, 4, 13 und 18, Haltestelle Landgericht | **Öffnungszeiten** ausstellungsbezogen, Ankündigung auf der Website | **Tipp** Um die Ecke befindet sich KUNST & Leben (Breite Straße 23), eine Galerie für zeitgenössische Kunst, die Kunsthandwerk ausstellt und verkauft.

63__Das Lenkwerk

Motoren einer Bewegung

Es ist eine schier unglaubliche Geschichte: Aus der Idee, ein Zentrum für Oldtimer zu schaffen, wird binnen weniger Jahre ein neues Stadtquartier. Das Lenkwerk ist gerade dabei, diese Geschichte in die Realität umzusetzen. Bald sollen im Lenkwerk-Quartier rund 1.000 Menschen leben und arbeiten.

Doch zurück zur ersten Idee: Zunächst sollte in den denkmalgeschützten Industriebauten aus den 1930er Jahren, die später von der britischen Armee genutzt wurden, eine Anlaufstelle für Oldtimerenthusiasten werden. Automobilhändler sowie Fachwerkstätten, die sich auf die Restaurierung von Old- und Youngtimern spezialisiert haben, sind hier zu finden, genauso wie unterschiedlichste Automobildienstleister. Youngtimer sind übrigens ältere Liebhaberautos, die nicht als Oldtimer gelten. Eingezogen ist auch Europas größter Händler der kultigen Harley-Davidson-Motorräder. Auf der Galerie in der Haupthalle findet man dazu passend eine Ausstellung klassischer Motorräder verschiedener Marken. In den oberen Etagen sind außerdem Büros aus unterschiedlichsten Branchen, von der Steuerberatung über eine Werbeagentur bis zur Bielefelder Außenstelle Archäologie des Landschaftsverbands Westfalen-Lippe, untergebracht. Eine große Vielfalt, die die Offenheit des Lenkwerks symbolisiert. Zusammen mit der Gastronomie – ein Restaurant und ein Café sind ebenfalls Teil des Konzepts – ist das Lenkwerk mit seiner besonderen Atmosphäre schnell zu einer beliebten Eventlocation geworden.

Seit das Lenkwerk 2011 aus der Taufe gehoben wurde, hat sich die Nachfrage nach dem Standort rasant entwickelt. Und so entstand schon bald die Idee für ein ganzes Lenkwerk-Quartier, in dem Menschen leben und arbeiten. Auch das größte Facharztzentrum der Region ist hier zu finden. Die Geschichte zeigt, dass mit der Offenheit für Neues mit einer guten Nischen-Idee eine breite Bewegung in Gang gesetzt werden kann.

Adresse Am Stadtholz 24–26, 33609 Bielefeld, www.lenkwerk-bielefeld.de | **ÖPNV** Bus 24, 25 oder 26, Haltestelle Seidensticker Halle | **Öffnungszeiten** Mo–Fr 9–18 Uhr, Sa, So 10–17 Uhr | **Tipp** Wer inmitten des Gewerbegebiets um die Herforder Straße herum eine Ruheoase sucht, sollte den Nicolaifriedhof (Herforder Straße 140) aufsuchen. Durch die alten Bäume bleibt der Verkehrslärm draußen, sodass der Friedhof gern für Spaziergänge in der Mittagspause genutzt wird.

64_Das Lichtwerk

Arthouse-Kino mit Niveau

Das Ensemble der Ravensberger Spinnerei mit der zugehörigen Parkanlage ist ein einmaliges Zeugnis der Industrialisierung Bielefelds. Nach und nach wurden alle denkmalgeschützten Gebäude im Ravensberger Park saniert – bis auf die Alte Tischlerei. Doch dann fand sich eine Stiftung, die mit Hilfe von Landesmitteln das kleine Schmuckstück restaurierte. Und nicht nur das. Sie baute es zu einem modernen Kino aus und schuf so einen besonderen kulturellen Anziehungspunkt im Park.

Ein besonderer Magnet ist es deshalb geworden, weil hier nicht irgendein Kinobetreiber eingezogen ist, sondern das Lichtwerk, welches sich zuvor im Filmhaus an der August-Bebel-Straße befunden hatte. Geboren wurde es 1985 aus einer Studenteninitiative. Trotz der schnellen Entwicklung zu einem professionell geführten Filmtheater blieb es bei der Programmauswahl durch ein vier- bis fünfköpfiges Team begeisterter Cineasten. Die heterogen besetzte Truppe sorgt stets für ein vielfältiges Programm, bei dem Filmkulturen anderer Länder, bedeutende Regisseure der Gegenwart und auch die neuen Entwicklungen des Films wichtige Schwerpunktsetzungen sind. Parallel dazu gibt es ein Kinder-Kinoprogramm mit sorgfältig ausgewählten Filmen sowie Sondervorführungen für Schulen mit pädagogisch wertvollen Filmen. Kein Wunder, dass das Lichtwerk regelmäßig durch die Filmstiftung NRW und das Bundesinnen- beziehungsweise Kultusministerium für sein hervorragendes Programm ausgezeichnet wird.

Seit 2006 ist es nun in der Alten Tischlerei beheimatet. Während man in den drei Kinosälen denselben digitalen Standard wie in modernen Multiplex-Kinos vorfindet, hebt sich das Foyer wohltuend vom austauschbaren Erscheinungsbild der großen Ketten ab. Massive Holztische und Bänke laden dazu ein, in gemütlicher Atmosphäre etwas zu trinken und sich über das eben erlebte Stück Filmkunst auszutauschen.

Adresse Ravensberger Park 7, 33607 Bielefeld, www.lichtwerkkino.de | **ÖPNV** Bus 21, 22 und 29, Haltestelle Ravensberger Park | **Öffnungszeiten** zu den Vorstellungen gemäß Website | **Tipp** Direkt gegenüber im Ravensberger Park liegt die Alte Hechelei, in der zu Spinnereizeiten der Flachs gehechelt (=gekämmt) wurde. Heute ist die Hechelei eine der außergewöhnlichsten Veranstaltungsstätten Bielefelds.

65 Das MAFA

Von Leiden und Leidenschaft

Der Moment, in dem gegnerische Fans den beliebten Schmähgesang »Ostwestfalen-Idioten« losschmettern und die einheimischen Anhänger unisono miteinstimmen, belegt vielleicht am eindrucksvollsten das Selbstverständnis der Fans der Arminia aus Bielefeld, dem erfolgreichsten Fußballverein aus Ostwestfalen. Denn bei der Arminia wird die Rolle des ewigen Underdogs, der immer etwas belächelt wird, mit jeder Faser gelebt. Dabei ist der Club alles andere als eine graue Maus, denn wer auf die Alm – wie das Stadion im Volksmund heißt – kommt, erlebt nicht selten Fußballdramen in Reinkultur.

Sei es der Bundesliga-Bestechungsskandal von 1971, in den die Arminia verwickelt war, der unglaubliche 4:0-Auswärtssieg beim FC Bayern München im März 1979, die legendäre Szene des aufgeschlitzten Oberschenkels von Ewald Lienen 1981 oder der Durchmarsch von der dritten in die erste Liga Ende der 1990er Jahre – Spiele der Arminia garantieren dramatische Spielverläufe, Kampf und Leidenschaft. Nicht nur deshalb hat sich der Verein in seiner über 111-jährigen Geschichte zum wichtigsten sportlichen Aushängeschild der Region entwickelt.

Seit 2013 kann diese Geschichte auf der Westtribüne des Stadions noch einmal erlebt werden. Hier wurde das 220 Quadratmeter große Museum / Archiv / Forum Arminia – kurz MAFA – eingerichtet. Fans können noch einmal in die emotionalsten Momente ihrer Arminia eintauchen, und andere Besucher können hier verstehen lernen, warum die Stadt jedes Mal nach einem Aufstieg in einen blau-weißen Ausnahmezustand gerät. »Tradition gepaart mit Moderne« lautet das Motto des Club-Museums, das historische und aktuelle Ausstellungsstücke zeigt. Verschiedene Themen-Säulen werden durch Bild- und Videomaterial ergänzt, durch die sich die Besucher per Tablet scrollen können. Außerdem werden Originalteile der alten Stahlrohrtribüne gezeigt, und die Stadiongeschichte ist im Zeitraffer zu sehen.

Adresse Melanchthonstraße 31a, 33615 Bielefeld, www.arminia-bielefeld.de | **ÖPNV** Stadtbahn 4 und 10, Haltestelle Rudolf-Oetker-Halle | **Öffnungszeiten** Fr 13–18 Uhr und 1,5 Stunden vor bis 1 Stunde nach Heimspielen | **Tipp** Dass die türkische Küche weitaus mehr als Döner zu bieten hat, beweist das Anavarza (Schlosshofstraße 75). Das Besondere hier ist der anatolische Lehmofen, in dem Fleisch, Fisch oder vegetarische Gerichte gegrillt oder geschmort werden.

66_Die Marionettenwerkstatt

Wo Angie am seidenen Faden hängt

Angela Merkel und Barack Obama. Götz Alsmann und Keith Richards. Bud Spencer und Terence Hill. Diese und noch einige Prominente mehr haben eine Sache gemeinsam. Sie stammen aus der Bielefelder Neustadt. Natürlich nicht im Original, zumindest aber ihre Miniaturausgaben. Diese wurden nämlich allesamt in der Marionettenwerkstatt von Gabi Dellinger gefertigt. Seit rund 40 Jahren hat sich die einstige Kunststudentin dem Puppenbau verschrieben. Seither haben unzählige klassische Theaterpuppen – Märchen- und Romanfiguren, Tiere, bestimmte Berufsgruppen – in ihrem Atelier das Licht der Welt erblickt.

Doch Gabi Dellingers Spezialgebiet ist ein anderes: Sie fertigt Porträtmarionetten nach Fotovorlagen an. Während die Marionetten der Bundeskanzlerin und des ehemaligen US-Präsidenten zusammen mit den Staatschefs aus Frankreich und China für ein Titelbild des Magazins Spiegel geordert wurden, werden die meisten anderen Auftragsarbeiten als Geschenke bestellt. Für Hochzeiten, Geburtstage, Betriebseröffnungen oder Jubiläen – die Anlässe sind so vielfältig wie die Figuren. Jedes Unikat wird in liebevoller Handarbeit hergestellt, was rund vier Wochen dauert. Denn nachdem der Kopf mit allen Details aus Modelliermasse gefertigt wurde, muss er zunächst durchtrocknen, bevor er bemalt werden kann. Anschließend werden die passenden Kleider genäht und mit Frisur sowie Händen und Füßen komplettiert.

Wer den kleinen Laden, der zugleich als Werkstatt dient, betritt, spürt sofort die Begeisterung, mit der Gabi Dellinger ihre Marionetten herstellt, und kann ihr bei der Arbeit auch über die Schulter sehen. Im Laden hängt eine Auswahl von unterschiedlichen Puppen, die zwischen 15 und 100 Zentimetern groß sind. Besonders spannend ist aber die Fotogalerie der vielen prominenten Figuren, die für Fernseh- und Videoauftritte oder eben Titelbilder in Dellingers Werkstatt gefertigt wurden.

Adresse Breite Straße 33, 33602 Bielefeld, www.marionettenwerkstatt.de | ÖPNV Stadtbahn 1 oder 2, Haltestelle Landgericht | Öffnungszeiten Mo–Sa 10–13 Uhr, Mo, Do und Fr zusätzlich 15–18 Uhr | Tipp Mut zu individuellem Design hat Ingrid Holtmann in ihrer Goldschmiede am Siekerwall 14. Jedes Schmuckstück ist ein Unikat.

67 Das Museum Wäschefabrik

Aus dem Dornröschenschlaf erlöst

Eigentlich trägt die Wäschefabrik den Titel »Museum« zu Unrecht. Schließlich wurden hier nicht – wie es sonst in Museen üblich ist – Exponate zusammengesammelt und thematisch für eine Ausstellung aufbereitet. Nein, in den alten Gemäuern befindet sich ein original erhaltenes Stück Industriegeschichte. Als 1986 ein Fotograf auf Motivsuche im Spinnereiviertel das Fabrikgebäude in einem Hinterhof entdeckte, traute er seinen Augen nicht. In allen Räumen sah es so aus, als ob die Näherinnen, Verpacker und auch der Chef gerade eben Feierabend gemacht hätten. An den Nähmaschinen war noch Garn aufgezogen, Stoffzuschnitte lagen bereit, und fertige Wäschestücke warteten darauf, für den Versand verpackt zu werden. Auch im Pausenraum, den Büros und den Privaträumen der Unternehmer sah alles noch aus wie an einem ganz normalen Arbeitstag in den 1960er oder 1970er Jahren.

Der Dornröschenschlaf, in dem sich die Wäschefabrik scheinbar noch immer befand, hielt damals seit bereits sechs Jahren an. Bis 1980 wurden in der Firma, die 1913 vom jüdischen Unternehmer Hugo Juhl aufgebaut und 1938 zwangsverkauft worden war, noch Tisch- und Bettwäsche, Herrenhemden und Damenwäsche produziert. Danach standen die Nähmaschinen still und die Räumlichkeiten leer.

Dass nach dem spektakulären Fund das Gebäude samt Inventar unverändert blieb und der Öffentlichkeit zugänglich gemacht wurde, ist engagierten Bielefelder Bürgern zu verdanken. Als Interessengemeinschaft erreichten sie, dass die Wäschefabrik 1987 unter Denkmalschutz gestellt und zum Museum umgewidmet wurde. Auf diese Weise ist in der Stadt, die einst für ihre Webereien und die Textilverarbeitung berühmt war, ein authentisches Stück Industriegeschichte erlebbar geworden. Etwa einmal im Monat öffnen sich auch die Türen zur ehemaligen Fabrikantenwohnung. Darin findet dann der kleine Kultursalon mit Musik, Kabarett oder Lesungen statt.

Adresse Viktoriastraße 48a, 33602 Bielefeld, www.museum-waeschefabrik.de | **ÖPNV** Bus 21, 22, 29, 350 und 351, Haltestelle Volkshochschule | **Öffnungszeiten** So 11–18 Uhr | **Tipp** Leckere arabische Küche wird im 1001 Nacht (Webereistraße 12) serviert. Eine Reservierung empfiehlt sich, da das kleine Restaurant meist ausgebucht ist.

68 Das namu

Auf Zeitreise in die Zukunft

Der Spiegelshof, auch Spiegel'scher Hof genannt, ist der einzige erhaltene Adelshof in der Bielefelder Neustadt. Zugleich ist er das einzige originale Gebäude aus der Weserrenaissance. Allein das wäre schon Grund genug, dem Haus einen Besuch abzustatten, aber das, was sich im Inneren finden lässt, ist mindestens genauso spannend. Im Naturkunde-Museum, kurz namu, erwartet die Besucher ein Aufzug, der sie im Jahr 2525 aussteigen lässt. Dort angekommen, können sie einen Blick zurück auf die Welt zum Beginn des 21. Jahrhunderts werfen. So kann man unter anderem Präparate von Tieren sehen, die in der futuristischen Gegenwart möglicherweise längst ausgestorben sein werden, verursacht durch menschliches Handeln. Auch zu anderen Themenbereichen wird die heutige Situation auf der Welt aus der Zukunft zurückblickend dargestellt. Diese außergewöhnliche Perspektive verdeutlicht den Besuchern eindrucksvoll, in welchem Zustand sich die Erde derzeit befindet. Durch spielerische Darstellungen können Kinder wie Erwachsene den eigenen Umgang mit Ressourcen und dessen Auswirkungen auf die Umwelt besser nachvollziehen.

Wie Menschen häufig verantwortungslos mit den natürlichen Rohstoffen umgehen, wird auch im Geo-Stollen gezeigt. Dieser Museumsbereich hat einen geowissenschaftlichen Schwerpunkt, behandelt also Themen wie Plattentektonik und Gesteinsschichten, nimmt aber gleichzeitig Bezug auf die anderen Bereiche der Dauerausstellung. Es wird deutlich, wie stark und schnell sich die Erde und ihre Lebewesen allein durch den Einfluss des Menschen verändern können.

Die moderne Ausstellung im namu wurde 2006, anlässlich seines 100-jährigen Jubiläums, eröffnet. Das bedeutendste Ausstellungsstück ist die Replik eines Lurchschädels. Hierbei handelt es sich um eine erst kürzlich entdeckte neue Art. Das 225 Millionen Jahre alte Original ist ebenfalls im Besitz des namu und weltweit einzigartig.

Adresse Kreuzstraße 20, 33602 Bielefeld, www.namu-ev.de | **ÖPNV** Stadtbahn 1, 12, 18, Haltestelle Adenauerplatz | **Öffnungszeiten** Mi–So 10–17 Uhr | **Tipp** Die sogenannte 55er Kaserne (Hans-Sachs-Straße 4) wurde 1775/77 von Friedrich dem Großen für das gleichnamige Regiment errichtet. Für den Bau wurden Verblendsteine von Mauern und Rondellen der Sparrenburg verwendet.

69 Die Neustädter Marienkirche

Der Stifter und die Tugenden

Mit ihren Doppeltürmen prägt sie das Stadtbild zwischen Sparrenburg und Altstadt: die Neustädter Marienkirche. Vermutlich schon 1270 errichtet, wurde sie 1293 von Graf Otto III. von Ravensberg zur Stiftskirche seines neu gegründeten Kanonikerstifts erhoben und in den folgenden Jahrhunderten zu ihrer heutigen Form ausgebaut. Seit 1966 thronen die schlanken gotischen Turmspitzen auf den Türmen, nachdem die etwas niedrigeren barocken Turmhelme im Zweiten Weltkrieg zerstört worden waren. Im Inneren präsentiert sich die Kirche schlicht und aufgeräumt, hat aber einige bedeutende sakrale Kunstwerke zu bieten wie beispielsweise das eindrucksvolle Marienretabel.

Auffällig ist auch das an der nördlichen Chorwand befindliche Epitaph im Stil der Weserrenaissance. Das aufwendig gestaltete Grabdenkmal ist jedoch nicht, wie man meinen könnte, für den Stifter der Kirche geschaffen worden. Seiner wird durch die vor der gegenüberliegenden Wand stehende Grabtumba gedacht. Das auf dem Wandbild dargestellte Ehepaar hingegen sind der einstige Drost der Sparrenburg Otto von Oye und seine Frau. Ab 1609 war von Oye der oberste Verwaltungsbeamte auf dem Sparrenberg. Seine Frau ließ das aufwendige plastisch gestaltete Epitaph nach seinem Tod anfertigen.

Auffällig ist, dass die beiden Figuren fast wie Heilige dargestellt werden. Schließlich knien zu ihren Füßen fünf Figuren, die betend die Hände in Richtung des Ehepaares erheben. Es handelt sich dabei jedoch um die Kinder Otto von Oyes und seiner Frau. Ergänzt wird das Wandbild um sieben figürliche Darstellungen von Tugenden: Spes – die Hoffnung, Temperantia – die Mäßigung, Fides – der Glaube, Prudentia – die Klugheit, Justitia – die Gerechtigkeit, Fortitudo – die Tapferkeit und oben auf dem Giebel Caritas – die Liebe.

Adresse Papenmarkt 10, 33602 Bielefeld, www.neustadt-marien-bielefeld.de | **ÖPNV** Stadtbahn 1 oder 2, Haltestelle Landgericht | **Öffnungszeiten** Mo – So 10 – 18 Uhr, Führungen nach Absprache unter Tel. 0521/60854 | **Tipp** Wer gern näht, dessen Herz lässt der Stoffladen Meterweise (Breite Straße 35) höherschlagen.

70 Das Neustädter Viertel

Quartier mit kreativer Ader

»Ich war vier Tage hier, aber es kam mir vor wie ein ganzes Jahr voll süßer Augenblicke.« Ob Yoko Ono mit diesem Satz, den sie bei ihrem Besuch der Bielefelder Kunsthalle aussprach, tatsächlich das Neustädter Viertel gemeint hat, lässt sich nicht beweisen. Aber wer das Viertel einmal mit wachsamen Augen durchstreift hat, hält das nicht für ausgeschlossen. Schließlich hat das Quartier, das sich zwischen Kunsthalle und Niedernwall sowie Naturkunde-Museum und Waldhof erstreckt, seinen ganz besonderen Charme.

In der einstigen Handwerkersiedlung aus dem 13. Jahrhundert befinden sich viele kleine, inhabergeführte Geschäfte, die besondere Produkte anbieten. Passenderweise sind viele davon handwerklich hergestellt. Hier trifft die Maßschneiderei von Hermann Peitz, der seit 1960 Anzüge in englischer Qualität fertigt, auf junge, handgearbeitete Mode von Kirsten Will. Hier werden bei den Schrottwichteln Fundstücke zu Kunststücken – also Weggeworfenes zweckentfremdet und wiederverwertet. Hier verkauft Gertrud Hütter ihre geschmiedeten, gehämmerten, gesägten oder gefeilten Schmuckstücke, während eine Tür weiter im Schneidwarenkontor die hochwertigsten Messer, Scheren und Rasiermesser zu erwerben sind. Im Sinnwerk kann man sich mit einer Naturkosmetikbehandlung verwöhnen lassen und sich anschließend im Café Gemach in gemütlicher Atmosphäre einen Kaffee, begleitet von hausgebackenem Kuchen, gönnen.

Das Viertel, das so zentral und dennoch abseits des Trubels liegt, ist zugleich aber auch Anziehungspunkt für Galerien, Architekten oder Designagenturen. Anscheinend spricht das Viertel mit seiner Atmosphäre ganz besonders Menschen mit künstlerischer Ader und Individualisten an. Ihre Läden und Büros reihen sich wie auf einer Perlenkette entlang der Neustädter Straße aneinander. Aber auch in der Breiten Straße, der Schmalen Gasse und entlang der Randbereiche gibt es viel zu entdecken.

Adresse Neustädter Straße, Ecke Breite Straße, 33602 Bielefeld | ÖPNV Stadtbahn 1, 2, 4, 13 und 18, Haltestelle Landgericht | Tipp Hübsches zum Verschenken oder Sich-selbst-Schenken findet man in der Geschenkstube (Neustädter Straße 14).

71 Die Niekamp Theater Company

Puppen, Theater und noch viel mehr

Wer glaubt, Puppentheater sei nur etwas für Kinder, der wird von Thomas R. Niekamp und seiner Crew eines Besseren belehrt. Als Niekamp 1980 sein Puppentheater gründete, hatte er von Beginn an immer auch Stücke für Erwachsene im Repertoire. Mit Handpuppen, Marionetten, Stabfiguren oder beim Schattenspiel versteht Thomas Niekamp es auf vielfältige Weise, sein Publikum zu begeistern. Schließlich blickt er auf 30 Jahre professionelle Schauspielerfahrung zurück.

Ganz gleich, ob moderne Stücke, Theater- und Filmklassiker oder Märchen – jedes Stück wird sorgsam inszeniert und bekommt eine individuelle Note verpasst. So wird Aschenputtel zum zweisprachigen Theaterstück, bei dem die Englisch sprechende Cinderella zunächst die Sprachbarriere überwinden muss, um den deutschen Prinzen für sich gewinnen zu können. Die Inszenierung des Dschungelbuchs nimmt die tragischen Aspekte der Buchvorlage auf, die einen Jungen zeigt, der zwischen zwei Welten steht und zu keiner richtig dazugehört. Mit der komödiantischen Disney-Verfilmung hat das nicht viel zu tun und richtet sich daher auch an das etwas größere Publikum.

Bis 2013 inszenierte die Theaterkompanie ihre Stücke im Keller eines alten Fabrikgebäudes und war viel auf Tournee. 2015 nahm die Truppe ein etwas größeres Projekt in Angriff: Am Klosterplatz, wo sich einst das Astoria-Kino befand, wurden Räumlichkeiten umgebaut und renoviert. Im Herbst 2016 konnte dann die Premiere im neuen Astoria gefeiert werden. Die neue Spielstätte bietet aber nicht nur Niekamps unzähligen Puppen ein Zuhause, sondern wird auch von Kleinkünstlern, Theatergruppen und Varietékünstlern genutzt. Doch bei aller Vielfalt, was das Programm für Erwachsene betrifft – auch das klassische Puppentheater für Kinder kommt nicht zu kurz.

Adresse Klosterplatz 9, 33602 Bielefeld, www.niekamp-theater-company.de | ÖPNV diverse Buslinien, Haltestelle Klosterstraße | Öffnungszeiten zu den Vorstellungen gemäß Website | Tipp Handwerklich geschneiderte Mode findet man bei Reine Stoffsache (Oberntorwall 9).

72 Der Ostmannturm

Vom Wasserturm zum Wohnheim

Schlachterkirche, Pfefferkirche, Ostmannturm. Allesamt Namen für eines der markantesten Gebäude im Norden des Bielefelder Zentrums. Auffällig ist die Gestaltung des oberen Teils mit kupfernem Kuppeldach, umlaufender Galerie sowie Zinnen und Erkern. Darunter ist der quadratische Bau recht schlicht gehalten. Von den verschiedenen Namen, die ihm in der Vergangenheit verliehen wurden, ist der letzte geblieben und hat sich zugleich auf das gesamte Quartier – das Ostmannturmviertel – übertragen. Die Namen wurden dem Turm je nach aktueller Nutzung verpasst.

1912 begann man mit dem Bau des 34 Meter hohen Turms, in dem das Wasserreservoir einer Schlachterei untergebracht war, die wiederum vom Bielefelder Konsumverein betrieben wurde. Das Wasser wurde aus einem Brunnen in den Turm gepumpt, um es später mit dem für den Schlachtbetrieb notwendigen Druck nutzen zu können. 1938 wurde das Gebäudeensemble von der Firma Ostmann übernommen. Bis 1978 nutzte sie den Turm und das zugehörige Gebäude, um hier ihre Gewürzmühlen zu betreiben. Als Ostmann die Produktion in ein neues Werksgelände verlagerte, blieb der Name des Turms bestehen. Es musste jedoch eine neue Nutzung her.

Die wurde 1981 gefunden, als das Sozialwerk Bielefeld Freiherr vom Stein e. V. den Turm erwarb. Das Sozialwerk wurde 1969 auf Initiative der gleichnamigen Freimaurerloge gegründet und hatte den Auftrag, preiswerten Wohnraum für die Studierenden der Bielefelder Universität zu schaffen. So wurde der Ostmannturm zum Studentenwohnheim in dem zentral gelegenen und multikulturell bewohnten Quartier. Im Turm und dem zugehörigen Anbau wurden 68 Zimmer mit Dusche und WC eingerichtet sowie Gemeinschaftsräume und Etagenküchen integriert. Mittlerweile steht der Turm unter Denkmalschutz, was sich mit der derzeitigen Nutzung gut vereinbaren lässt. Seit dem Frühjahr 2017 finden im Turm auch Veranstaltungen statt.

Adresse Hanns-Bisegger-Straße 7, 33602 Bielefeld | ÖPNV Bus 27, Haltestelle Märkische Straße | Tipp Im Ostmannturmviertel steht die Pfarrkirche Sankt Joseph (Josefstraße 14a), eine der wenigen katholischen Kirchen Bielefelds. Hier finden auch Gottesdienste der tamilischen und ungarischen Gemeinden sowie des katholischen Gehörlosen-Vereins statt.

73__Das partikel

Solides Handwerk trifft innovatives Design

Hochwertige handwerklich hergestellte Produkte, modernes Design, das man nicht an jeder Straßenecke findet, und viele ausgefallene Geschenkideen. Das Sortiment im »partikel« in Bielefeld ist einzigartig. Dafür sorgt Inhaberin Katja Führmann, die stets auf der Suche nach neuen und ungewöhnlichen Produkten ist, für die sie sich und ihre Kunden begeistern kann. Gleichzeitig designt, näht und druckt sie selbst: Postkarten, Tischsets, Taschen, Kulturbeutel und vieles mehr. Ihr Label heißt 4800, und die Bielefelder Skyline ist eines ihrer liebsten Motive. Das lässt sie auch auf die Geschirrtücher drucken, die aus reinem Leinen oder Halbleinen in einer Handweberei in Bethel hergestellt werden.

Genauso kreativ wie Katja Führmann ist auch ihr Ehemann Lars, im Hauptberuf Tischler und Inhaber vom partikel. Aus seiner Werkstatt für Innenausbau, Möbelbau und Design stammen die hölzernen Produkte, die man im Laden erwerben kann. Unter dem Label »Lars Führmann Tischlerei« fertigt er vom hochwertigen Frühstücksbrettchen über den aufwendig gestalteten Lamellen-Messerblock bis zum originellen Klorollenhalter die unterschiedlichsten Gebrauchsgegenstände.

Die außergewöhnlichsten Produkte, die in der Tischlerei hergestellt werden, sind jedoch die faltbaren Möbel mit dem Namen FlattishFold. Nur aus Holzplatten und farbenfrohen Kabelbindern entstehen faltbare und dennoch superstabile Stühle, Hocker, Tische, Sideboards und Betten. Eine Auswahl davon kann man im partikel ausprobieren und erwerben. Kundenwünsche, was die Ausführung in unterschiedlichsten Farben oder Holzarten betrifft, werden gern angenommen und individuell in der Werkstatt umgesetzt. Die Idee dazu hatten Katja und Lars Führmann, als er einen Tischkicker bauen wollte, für den in der Wohnung eigentlich kein Platz vorhanden war. So musste eine Konstruktion her, die sich schnell und platzsparend wegräumen lässt. Genial einfach.

Adresse Neustädter Straße 6, 33602 Bielefeld, www.partikel-bielefeld.com | ÖPNV Stadtbahn 1, 2, 4, 13 und 18, Haltestelle Landgericht | Öffnungszeiten Di – Fr 11 – 14 und 15 – 18 Uhr, Sa 11 – 15 Uhr, Adventssamstage bis 18 Uhr | Tipp Dass fair gehandelte Biomode auch modisch sein kann, beweist das Ladengeschäft von Fairticken (Breite Straße 17).

74_Die Radrennbahn

Als Bielefeld Radsporthochburg war

Bielefeld – die Radrennsporthochburg. In den 1950er Jahren war das tatsächlich noch so. Der 1924 gegründete Radsportverein RC Zugvogel zählte schon drei Jahre später bereits über 400 Mitglieder und machte den Sport in Bielefeld sehr populär. Nach dem Zweiten Weltkrieg forcierte der RC den Bau einer Radrennbahn, die 1953 endlich eröffnet werden konnte.

Architekt Clemens Schürmann, selbst ehemaliger Profi-Radrennfahrer, schuf damals ein Glanzstück: Die 333 Meter lange, ovale Bahn wurde aus fugenlosem Spannbeton gegossen. Mit ihren hohen Steilkurven war und ist sie heute noch eine der schnellsten Betonpisten in Europa. 15.000 Zuschauer hatten damals auf den Tribünen Platz, die bei Steher- und Sprintrennen meist bis auf den letzten Sitz belegt waren.

Mittlerweile ist die Bahn etwas in die Jahre gekommen; auf den Tribünen wuchert Unkraut. Doch die Bielefelder hängen nach wie vor an ihrer Bahn mit ihrer speziellen Ausstrahlung. Regelmäßig wird sie von April bis September zu Trainingszwecken und Radrennen genutzt, besonders die Steherrennen ziehen viele Zuschauer an. 2012 wurde die Radrennbahn unter Denkmalschutz gestellt, da sie aufgrund ihrer fugenlosen Spannbetontechnik eine echte Besonderheit darstellt. Ein Förderverein kümmert sich um den Erhalt der Bahn und bemüht sich sehr um eine Sanierung.

Direkt daneben ist die Wiederbelebung geglückt: auf der BMX-Bahn, die Ende der 1980er Jahre entstanden ist. Nachdem die Beliebtheit des BMX-Sports in den 1990er Jahren abgenommen hatte, erlebt er im neuen Jahrtausend ein Revival. Im RC Zugvogel hat die Abteilung seit 2007 verstärkten Zuwachs, sodass die alte BMX-Bahn aus- und umgebaut wurde. Seit 2015 ist sie wieder wettkampftauglich. Hier können auch schon die ganz kleinen Amateure ab vier Jahren trainieren und vielleicht später an die Erfolge der Zugvogel-BMXler auf deutscher Ebene anknüpfen.

Adresse Heeper Straße 301, 33607 Bielefeld, www.radrennbahn-bielefeld.de | **ÖPNV** Bus 26, Haltestelle Radrennbahn/Ziegelstraße | **Tipp** Von der Radrennbahn aus kann man einen Spaziergang durch das Waldstück Heeper Fichten unternehmen. Hier befindet sich der Sport- und LernPark des TUS OST, der unterschiedlichste Sportfelder vom Fußballplatz bis zum Boulefeld umfasst.

75__Die Reste der Stadtmauer

Relikte der einstigen Doppelstadt

2014 konnte die Stadt Bielefeld ihr 800-jähriges Bestehen feiern. Graf Hermann von Ravensberg gründete sie als Kaufmannsstadt, strategisch günstig am Kreuzungspunkt von zwei Handelswegen und in der Nähe eines Passes über den Teutoburger Wald gelegen. Viele Kaufleute nahmen die in der neuen Stadt offerierten Freiheiten gern an und trugen zur Entwicklung Bielefelds bei. Wie im Mittelalter üblich wurde die Siedlung durch ein Befestigungssystem aus Stadtmauer, Toren und Türmen gesichert. Auf dem Hang am Teutoburger Wald errichtete man Mitte des 13. Jahrhunderts die Sparrenburg, die den Pass und die Stadt schützte und zugleich als Amtssitz diente.

Während die Burg, die im 16. Jahrhundert massiv umgebaut wurde, heute noch als Wahrzeichen über der Stadt thront, ist von der übrigen Stadtbefestigung kaum noch etwas zu sehen. Beim Blick auf den heutigen Stadtplan kann man jedoch den halbrunden Straßenring aus Oberntorwall und Niederwall ausmachen. Innerhalb dieser Wallanlagen erstreckte sich die Mauer der mittelalterlichen Altstadt. Die südliche Begrenzung verlief entlang des Waldhofs und der Straße Am Bach, der damals noch als selbiger existierte. Im Wellehaus sind historische Ausgrabungen der Mauer sichtbar gemacht worden.

Ein weiteres Stück Stadtmauer ist zwischen Kreuzstraße und Kunsthalle erhalten geblieben. Es stammt jedoch nicht von der Befestigung der Altstadt, sondern sicherte die Neustadt. Letztere entstand durch die Ansiedlung von Handwerkern, die sich zum Bau der Burg zwischen Altstadt und Sparrenberg hier niederließen. Beide Stadtteile blieben bis ins 16. Jahrhundert eigenständig.

Im Laufe der Jahrhunderte verlor die Befestigung ihre Bedeutung. So begann man im 17. und 18. Jahrhundert bereits damit, die Stadtmauer als Rückwand für Häuserneubauten zu nutzen. Ab dem 19. Jahrhundert verfiel sie zusehends und wurde nach 1945 fast vollständig abgetragen.

Adresse Kreuzstraße 32 (im Hinterhof, Zugang durch Nebelswall), 33602 Bielefeld | **ÖPNV** Stadtbahn 1, 12 und 18, Haltestelle Adenauerplatz | **Tipp** Zwischen der nahe gelegenen Kindermannstraße und dem Waldhof liegt die frisch umgestaltete Grünanlage, die den bedeutsamen Namen »Park der Menschenrechte« trägt. Durch diesen fließt die Lutter, die zuvor verrohrt gewesen war und 2004 wieder freigelegt wurde.

76 Der Ringlokschuppen

Eventlocation mit Industriecharme

Nicht nur in Bielefeld, sondern weit über die Stadtgrenzen hinaus gibt es wohl kaum eine andere Veranstaltungsstätte mit einem so ungewöhnlichen Ambiente wie den Ringlokschuppen. Das halbkreisförmige Gebäude aus rotem Backstein wurde 1905 bis 1907 als Teil des Bahnbetriebswerks Bielefeld erbaut. Damals bot es neun Lokomotiven Platz und verfügte zudem über ein weiteres Werkstattgleis. Knapp 20 Jahre später wurde es auf seine endgültige Größe mit 22 Unterstellplätzen erweitert, in denen Dampf- und später Dieselloks gewartet und repariert wurden. Nach dem Zweiten Weltkrieg waren Dach, Fenster, Tore und Wände zerstört, doch der Schuppen wurde wieder aufgebaut und konnte ab den 1950er Jahren wieder genutzt werden.

1985 war jedoch endgültig Schluss: Das Bahnbetriebswerk wurde überflüssig und mit ihm der Ringlokschuppen aufgegeben. Der Verfall begann, und trotz Denkmalschutz war im Jahr 2002 nur noch die Außenhülle übrig. Dennoch fanden sich Investoren, die das Gebäude erwarben, sanierten und es zu dem machten, was es heute ist: ein multifunktionales Veranstaltungszentrum, in dem historische Bausubstanz und moderne Architektur zu einem spannenden Mix verschmelzen und in dem kein Raum rechtwinklig geschnitten ist. Gerade wegen ihrer ungewöhnlichen Form gibt es deutschlandweit mehrere Ringlokschuppen, die zum Veranstaltungsort umgebaut wurden, denn die Akustik ist darin sehr gut.

Die Fläche um den Schuppen herum ist jedoch weiterhin fest in Eisenbahner-Hand. Allerdings nicht mehr in jener der Deutschen Bahn, sondern der privaten Mitglieder des Bielefelder Eisenbahnfreunde e. V. Der Verein gründete sich 2004, um die Drehscheibe, mit der die Loks rangiert wurden, sowie die vorhandenen Nebenanlagen und Gleise instand zu setzen. Das Gelände wird für die Restaurierung historischer Triebwagen und Waggons sowie themenbezogene Veranstaltungen genutzt.

Adresse Stadtheider Straße 11, 33609 Bielefeld, www.ringlokschuppen.com | **ÖPNV** Stadtbahn 2 und Nachtbus N12, Haltestelle Stadtheider Straße, Nachtbus N8, Haltestelle Ringlokschuppen | **Öffnungszeiten** Fr 22.30–5 Uhr, Sa und vor Feiertagen 22.30–5.30 Uhr und zu Veranstaltungen | **Tipp** Fast schon in Sichtweite an der Herforder Straße 182–194 liegen die Zentrale und der Werksverkauf von Seidensticker. Der Hemdenproduzent steht noch heute für Bielefelds Spezialisierung auf feine Textilien.

77 Die rollende Kirchenbank

Ein Ort zum Reden

Wenn die Menschen nicht in die Kirche kommen, kommt die Kirche zu ihnen. So könnte man die Mission der rollenden Kirchenbank umschreiben. In den Sommermonaten rollt sie in die Fußgängerzone – in der Regel findet man sie samstagvormittags in der Obernstraße beim Bunnemannplatz. Auf diese Weise rückt die Kirche wieder in das Bewusstsein und den Alltag der Menschen. Man kann spontan und unverbindlich Platz nehmen, ein gutes Gespräch führen – wenn man möchte, auch über Gott – oder sich einfach nur ausruhen. Stets sind mindestens ein Mitarbeiter oder eine Mitarbeiterin des CityKlosters vor Ort, aus dem die rollende Kirchenbank stammt.

Das CityKloster befindet sich in den Räumen des ehemaligen Franziskanerklosters an der Jodokuskirche. So ungewöhnlich und modern, wie sein Name klingt, ist auch das Konzept des CityKlosters. Es ist offen für jeden Menschen, unabhängig von seiner Glaubenszugehörigkeit, und soll die Möglichkeit bieten, den Glauben in den Alltag zu integrieren. Gerade in Zeiten, in denen die Kirche beklagt, dass viele Menschen Gott einfach vergäßen, ist dies eine wichtige Initiative. So lädt das Kloster nicht nur mit seiner rollenden Kirchenbank zu einer Pause vom Shopping-Samstag ein. Es bietet wochentags die Möglichkeit zum »Atemholen am Mittag«. Mitten am Tag für zehn Minuten innehalten, vom Stress abschalten, Stille spüren und Gottes Segen empfangen. Ein wohltuendes Angebot, das ein Gegenpol zum hektischen Alltag heutzutage sein kann und sich durch seine Kürze dennoch in diesen integrieren lässt. Diejenigen, die etwas mehr Ruhe für sich selbst und mit Gott suchen, werden beim schweigenden Gebet fündig. Sie finden im Kloster einen Rückzugsort in Stille und dennoch in Gemeinschaft. Und wer eine geistige Auszeit braucht oder als Pilger nach Bielefeld kommt, kann sogar in einem der beiden Gästezimmer des Klosters übernachten.

Adresse Obernstraße, 33602 Bielefeld, www.citykloster-bielefeld.de | **ÖPNV** Bus 21, 22, 24, 27, 28, 29, 31, 87, 95 oder 185, Haltestelle Klosterstraße | **Tipp** Beim Gebäude in der Obernstraße 40 handelt es sich um den ehemaligen Adelshof Meinder'scher Hof. Den Eingang ziert ein Barockportal aus dem Jahr 1669.

78 Das Ruempelstilzchen

Vintage trifft Design

Pedro Navarro hatte schon immer eine Liebe zu Designklassikern und alten Möbelstücken. Dass er einmal den angesagtesten Laden führen würde, den es mit diesem Sortiment in der Region gibt, ahnte er 2001 noch nicht. Damals machte er sich gerade als Dienstleister im Entrümpelungsgewerbe selbstständig. Er organisierte Haushaltsauflösungen und entrümpelte Wohnungen. Dabei hatte er stets den richtigen Blick dafür, zwischen unbrauchbarem und unmodernem Gerümpel kleine Schätze zu bergen.

Wenn Navarro beim Ausräumen auf hochwertige oder besondere Möbelstücke und Gebrauchsgegenstände stieß, verrechnete er diese mit seiner Dienstleistung und verkaufte sie weiter. Zunächst geschah dies aus einem Lager heraus, ab 2007 auch in einem Ladengeschäft in der Innenstadt. Durch wöchentliche Lagerverkäufe und einen jährlichen Sommerflohmarkt, der viele Kunden aus der gesamten Umgebung anzog, entwickelte sich Ruempelstilzchen unter Liebhabern von Vintage-Möbeln vom Geheimtipp zur Anlaufstelle Nummer eins.

So folgte 2015 der Umzug in ein größeres Ladengeschäft. Zu den Lagerverkäufen kam ein Onlineshop hinzu. Das Sortiment ist weiterhin einzigartig für Bielefeld und die Region. Von Arztmöbeln im Bauhausstil über Industrielampen bis zum restaurierten Küchenbuffet aus den 30er Jahren ist wirklich alles dabei, was man andernorts nur schwer findet. Beliebt sind auch die alten Turnkästen, die nicht nur für private Wohnungen gekauft, sondern gern auch als dekorative Sitzgelegenheiten in Läden oder Cafés genutzt werden. Ergänzt wird das Angebot durch sorgfältig ausgewählte Neuware. Aber auch in diesem Bereich wird bei Ruempelstilzchen viel Wert darauf gelegt, sich vom breiten Massenangebot abzuheben. Und so stammen die neuen Produkte fast ausnahmslos von kleinen Manufakturen und Designlabels. Zusammen mit den Vintage-Möbeln ergibt sich ein angesagter Sortimentsmix, der seinesgleichen sucht.

Adresse Oberntorwall 19a, 33602 Bielefeld, www.ruempelstilzchens-laden.de | ÖPNV Stadtbahn 1, 2, 3, 4, 10 und 13, Haltestelle Jahnplatz | Öffnungszeiten Mo–Fr 10–19 Uhr, Sa 10–18 Uhr | Tipp Auch Franchise-Restaurants können gesunde und frische Küche bieten. Das beweist dean&david (Oberntorwall 24), wo ausschließlich naturbelassene und vitaminreiche Zutaten auf den Tisch kommen.

79__Die S. Baumgarte Galerie

Moderne Kunst im Großformat

Ruth Baumgarte war eine der bekanntesten Bielefelder Künstlerinnen der Nachkriegszeit. Aus einer Theaterfamilie stammend – ihr Vater war Chef der UFA und ihre Mutter Schauspielerin – wuchs sie in Berlin auf und studierte von 1940 bis 1944 an der Hochschule für Bildende Künste. Nach Kriegsende kam sie nach Bielefeld, wo sie als Illustratorin und freie Künstlerin arbeitete. 1975 eröffnete sie ihre Galerie »Das Fenster«, in der sie jungen Künstlern eine Plattform für Ausstellungen bot. 1986 ging daraus die Samuelis Baumgarte Galerie hervor, die sie gemeinsam mit ihrem Sohn Alexander Baumgarte gründete.

Die Liebe zur Kunst, die ihm seine Mutter mit auf den Weg gab, ergänzte der studierte Jurist und Kunsthistoriker durch seinen Sinn fürs Geschäftliche. Er baute die Galerie zu einem international tätigen Kunsthandel aus und gründete parallel dazu eine Agentur für Kunstberatung – die Samuelis Baumgarte Art Consulting. Zum 40. Geburtstag der Galerie blickt Alexander Baumgarte auf unzählige erfolgreiche Ausstellungen zurück. Gerhard Richter, Heinz Mack oder Fred Thieler sind nur ein paar der berühmten Künstler, die die Galerie vertritt. Mittlerweile fast schon zum Ritual geworden sind die Lesungen bei den Vernissagen, für die er stets namhafte Schauspieler gewinnen kann.

Ihre Heimat hat die Galerie im ehemaligen Sitz der Dresdner Bank am Niederwall gefunden. Ein Glücksfall, denn das Haus aus den 1950er Jahren bietet mit seinen Räumlichkeiten den perfekten Rahmen für die anspruchsvollen Ausstellungen. Fast hat man den Eindruck, sich im Gebäude eines Kunstvereins oder in einem kleinen Museum zu befinden. Dass die ehemalige Bank über eine gewisse Sicherheitsausstattung und einen Tresorraum verfügt, ist ebenso ideal. Schließlich wird im Hause Samuelis Baumgarte mit Kunstwerken gehandelt, deren Wert durchaus auch im sechsstelligen Bereich liegen kann.

Adresse Niederwall 10, 33602 Bielefeld, galerie.samuelis-baumgarte.com | **ÖPNV** Stadtbahn 1, 2, 3, 4, 10 und 13, Haltestelle Rathaus | **Öffnungszeiten** Mo – Fr 10 – 18 Uhr, Sa 10 – 14 Uhr | **Tipp** Im Gebäude an der Niedernstraße 12 befand sich ursprünglich der Gloria-Palast, der 1928 als Lichtspielhaus errichtet wurde. Während im Jahr 2000 der Umbau zu einem Ladengeschäft erfolgte, wurde die Fassade wieder in den ursprünglichen Zustand versetzt, sodass die einstige Nutzung noch heute erkennbar ist.

80 Der Schinkel-Pavillon

Ein Umzug als letzte Rettung

Was wäre der Nordpark ohne den Schinkel-Pavillon? Sicherlich immer noch ein idyllisches Fleckchen Bielefelds, aber um eine Perle ärmer. Dass das klassizistische Gebäude heute den Park zieren und mit seinem Café als beliebter Treffpunkt genutzt werden kann, ist keineswegs eine Selbstverständlichkeit. Denn beinahe wäre der Pavillon trotz Denkmalschutz der Abrissbirne zum Opfer gefallen.

Erbaut wurde das eingeschossige Haus mit dem klassizistischen Dreiecksgiebel und den imposanten Säulen etwa 1830, damals aber noch an seinem ursprünglichen Standort an der Detmolder Straße. Dort wurde es im Villengarten der Familie Osthoff als Gartenhaus errichtet, in dem die höhere Gesellschaft Bielefelds regelmäßig empfangen wurde.

Der Zweite Weltkrieg setzte Villa und Garten stark zu. Erstere war teilweise zerstört, Letzterer stark vernachlässigt, das Gartenhaus beinahe zugewachsen, aber unversehrt. 1952 wurde es wiederentdeckt und mit seiner Architektur einem Schüler Karl Friedrich Schinkels, des großen preußischen Architekten und Baumeisters, zugeordnet. Das Haus wurde daher in der Öffentlichkeit unter dem Namen Schinkel-Pavillon bekannt.

Wenig später wurde das Osthoff'sche Grundstück an den Verband der Textilindustrie verkauft und parzelliert. Damit wäre das hübsche Gebäude dem Erdboden gleichgemacht worden, wenn sich nicht ein paar namhafte Bielefelder sowie der damalige Landeskonservator für seinen Erhalt eingesetzt hätten. So wurde das Gartenhaus 1954 an seinen neuen Standort im Nordpark versetzt. 2011 unterzog man es einer gründlichen Frischzellenkur: Die Schäden an der Bausubstanz wurden behoben, es wurde um einen gläsernen Anbau ergänzt und eine Heizung eingebaut. Seither kann es auch in der kälteren Jahreshälfte für gastronomische Zwecke genutzt werden. Ein echter Gewinn für die Besucher, denn der Ausblick in den Park ist auch im Winter absolut lohnend.

Adresse Bünder Straße 25b, 33613 Bielefeld | **ÖPNV** Bus 27, Haltestelle Bünder Straße | **Tipp** Wer bei Minigolf an veraltete Betonbahnen denkt, wird auf der Filzgolfanlage im Nordpark eines Besseren belehrt. Auf der schönen Anlage, die mit Blumen und Rasenflächen angelegt wurde, kann man bei einigen Bahnen sogar den Schwierigkeitsgrad selbst einstellen.

81__Der Siggi

Herzstück der westlichen Innenstadt

Wie wird ein Quartier zum angesagtesten Viertel der Stadt? Unbedingt erforderlich: eine attraktive Bebauung, vorzugsweise aus der Gründerzeit um 1900, und ein junges, kreatives Publikum. Westlich der Altstadt, rund um den Siegfriedplatz, trifft beides zu. Die Nähe zur Universität und die schönen, einst noch bezahlbaren Altbauwohnungen zogen seit den 1970er Jahren viele Studenten an. Mit diesen entwickelte sich eine entsprechende Infrastruktur von Kneipen und Geschäften. Der Siegfriedplatz, von den Bielefeldern liebevoll Siggi genannt, ist das Herz des Bielefelder Westens.

Gesäumt von Restaurants und Kneipen, zieht er mittwochs und freitags, wenn Wochenmarkt ist, nicht nur die Bewohner der umliegenden Straßenzüge an. Dann werden hier nicht nur Obst und Gemüse, Käse und Fleisch, frische Pasta und Blumen verkauft, sondern auch leckerer Pickert gebacken. Das Café der Bürgerwache bietet ebenfalls Speisen und Getränke an. Wenn kein Markt stattfindet, wird der Platz gern für Veranstaltungen genutzt. Und wenn mal gar nichts organisiert wird, organisieren sich die Menschen einfach selbst. Bei Sonnenschein wird der Picknickkorb gepackt, eine Decke mitgenommen und sich auf dem erwärmten Pflaster niedergelassen.

Seit der Jahrtausendwende bereichert ein kreisrundes gläsernes Häuschen – der Eingang zum U-Bahnhof – den Siggi. Seither ist das Viertel an die Stadtbahn angebunden und als Wohnort noch attraktiver. Was sicherlich auch zu den steigenden Wohnpreisen beigetragen hat. Denn die Zeiten, als das Quartier westlich der Altstadt von den jungen Kreativen wegen seiner günstigen Mieten geschätzt wurde, sind schon lange vorbei. Die Gentrifizierung, wie es die Fachwelt nennt, ist bereits vollzogen, und rund um den Siegfriedplatz sind die Immobilienpreise so hoch wie an kaum einem anderen Ort in Bielefeld. Dem Siggi schadet das nicht – der ist weiterhin bunt und lebendig.

Adresse Siegfriedplatz, 33615 Bielefeld | ÖPNV Stadtbahn 4, Haltestelle Siegfriedplatz | Tipp Einen Beachclub mitten in der Stadt – die Strandbar Santa Maria – findet man ein paar Straßenecken weiter auf dem Dach des Parkhauses in der Große-Kurfürsten-Straße 75.

82 Der Skulpturenpark

Grüne Ergänzung zur Kunsthalle

Seinerzeit war der Amerikaner Philip Johnson einer der berühmtesten Architekten und galt als Mitbegründer der Postmoderne. Welch eine Ehre also, dass dieser Star-Baukünstler sich 1968 dem Entwurf der Bielefelder Kunsthalle widmete, die von Rudolf-August Oetker gestiftet worden war. Johnson entwarf aber nicht nur das Gebäude aus rotem Sandstein, sondern auch den dazugehörigen Skulpturenpark. Letzterer wurde jedoch nicht mit dem Museum realisiert, stattdessen wurde eine Grünanlage mit Wasserbecken geschaffen.

Zum 40. Geburtstag der Kunsthalle im Jahre 2008 wurde Johnsons Entwurf dann doch noch umgesetzt. Die Bielefelder Mäzenin Dorothea Winkler, aus der Familie der Polstermöbelmanufaktur Hans Kaufeld stammend, finanzierte die Umgestaltung der Grünanlage. So sollte die für Bielefeld wichtige Kunsthalle weiter aufgewertet und für die Bürger ein Park mit hoher Aufenthaltsqualität geschaffen werden. Das ist zweifelsfrei gelungen. Inmitten der Altstadt gibt es nun einen Ort, an dem man beruhigendes Grün und anregende Kunst auf sich wirken lassen kann. Auf der Terrasse des Museumscafés leicht erhöht sitzend, hat man einen schönen Blick auf den gesamten Park. Wer sich auf der Wiese niederlässt, kann die Augen über die nun etwas schmalere und elegantere Wasserfläche zur zeitlos schönen Kunsthalle schweifen lassen – und ist noch etwas näher an den Skulpturen dran. Letztere wurden von internationalen Künstlern wie Henry Moore, Olafur Eliasson, Sol LeWitt und anderen gestaltet.

Auch ganz junge Kunst wie das erst 2016 installierte Objekt »Viktoria« der deutsch-iranischen Künstlerin Bettina Pousttchi findet im Skulpturenpark ihren Platz. Sie arrangierte 20 schlichte graue Straßenpömpel so, dass sie sich mit einem Knick zur Seite neigen. Aneinanderschmiegen, miteinander tanzen, einander Halt geben – der Betrachter darf interpretieren, was er nun in den Pömpeln sieht.

Adresse Artur-Ladebeck-Straße 5, 33602 Bielefeld, www.kunsthalle-bielefeld.de | **ÖPNV** Bus 21, 22, 24, 28, 87 und 95, Haltestelle Kunsthalle | **Tipp** Im benachbarten Waldhof, einem ehemaligen Adelshof aus dem 16. Jahrhundert, hat der Bielefelder Kunstverein sein Zuhause (Welle 6).

83 Der Speicher 1

Klettern im Kornspeicher

Es ist schon aus der Distanz ein richtiger Blickfang: das schlichte weiße Haus, an dessen Ecke eine graue Felsmasse fast bis unter den Giebel zu wuchern scheint. Und wenn sich bei gutem Wetter sportliche Menschen auf der Wand tummeln, wird klar, dass man es hier mit einer Kletterwand zu tun hat. Das Gebäude, das einst als Kornspeicher errichtet wurde, ist nämlich seit 2004 in der Hand der Bielefelder Sektion des Deutschen Alpenvereins. Er richtete hier eine der größten Kletteranlagen Nordrhein-Westfalens ein.

Der Speicher ist dafür ideal. Denn im Inneren konnte dort, wo zwischen den Etagen keine Böden eingezogen waren, eine bis unter das Dach durchgängige, 15 Meter hohe Kletterwand eingerichtet werden. Rund 400 Quadratmeter Kletterfläche mit unterschiedlichsten Routen in verschiedenen Schwierigkeitsgraden finden sich hier. Ergänzt wird sie durch eine kleinere, acht Meter hohe Wand, die ideal für Einsteiger und Kurse ist. Ein weiteres Highlight erwartet die Besucher unter dem Dach des Speichers: 500 Quadratmeter Boulderfläche – eine echte Besonderheit. Eine solch große Fläche zum Bouldern, also zum Klettern ohne Seil in Absprunghöhe, besitzt sonst kaum eine Kletterhalle. Fast jeder Zentimeter in noch so verwinkelten Ecken des Dachbodens wurde dafür genutzt. So ist ein abwechslungsreicher Parcours mit unzähligen Überhängen entstanden, der auch Profis begeistert. Kein Wunder, dass mittlerweile eine offene Bouldergruppe ins Leben gerufen wurde, deren Teilnehmer sich regelmäßig ausschließlich zum freien Klettern unterm Dach treffen.

Da man beim Bouldern keine Sicherung benötigt und es nicht so hoch hinausgeht, ist die Anlage gleichermaßen ideal für Einsteiger und Kinder, um die ersten Kletterversuche zu unternehmen. Wer sich sicherer fühlt, kann an die Kletterwände wechseln; mit einiger Übung darf man sogar die Außenwand mit ihren 12 Metern erklimmen.

Adresse Meisenstraße 65, 33607 Bielefeld, www.speicher1.net | **ÖPNV** Bus 24, Haltestelle Martin-Luther-Platz | **Öffnungszeiten** gemäß Website | **Tipp** Nur einen Steinwurf entfernt liegt das Restaurant Christo's (Otto-Brenner-Straße 81). Die griechisch angehauchten Speisen sind auf die Herkunft des Inhabers Christo zurückzuführen. Gyros allerdings sucht man vergebens auf der Karte.

84 Die Stadtbahn

Kann oben wie unten

Allen Verschwörungstheorien zum Trotz: Bielefeld gibt es wirklich, und es ist eine waschechte Großstadt. Mit ihren rund 333.000 Einwohnern steht die Leineweberstadt auf Platz 18 der größten Städte Deutschlands. Dass außerhalb Ostwestfalens nur wenige Menschen eine klare Vorstellung davon haben, was Bielefeld alles zu bieten hat, kann man jedoch nicht den Bielefeldern anlasten. Sie lieben ihre Metropole am Teutoburger Wald und sind stolz auf sie. Dass Bielefeld für die Bielefelder Großstadtflair besitzt, zeigt sich auch daran, dass sie sich in den 1980er Jahren sogar eine U-Bahn spendierten.

Gut. Wenn man es genau nimmt, heißt die U-Bahn in Wirklichkeit Stadtbahn, und ihre vier Hauptlinien verkehren nur im Stadtzentrum unterirdisch. Aber immerhin: Zu den 57 oberirdischen Haltestellen der Stadtbahn kommen sieben U-Bahnhöfe hinzu. Über der Erde nutzt die Stadtbahn teilweise die Trassen der ehemaligen Straßenbahn, die seit 1900 existierte. In den 1960er Jahren stand die Stilllegung selbiger zur Debatte, die zugunsten einer Umwandlung in eine Stadtbahn verhindert wurde. Man orientierte sich dabei am Vorbild Köln, wo ein entsprechender Umbau schon ein paar Jahre zuvor begonnen hatte. 1969 begannen die Arbeiten zum ersten Abschnitt des Innenstadttunnels unter der Herforder Straße. Ganze 23 Jahre vergingen, bis das Tunnelsystem zwischen der Haltestelle Rathaus und drei weiteren Tunnelausfahrten fertiggestellt war. Ende der 1990er Jahren erfolgte der Bau einer vierten Linie, um die Universität anzubinden.

Somit ist die Bielefelder U-Bahn eher eine Straßenbahn, die auch unterirdisch fährt. Ihre Durchschnittsgeschwindigkeit ist auch nicht höher als die der Buslinien. Dennoch: Über jedem der sieben unterirdischen Bahnhöfe prangt ein großes weißes U auf blauem Hintergrund, das der Stadtbahn und Bielefeld ein wenig Metropolencharakter verleiht.

Adresse zum Beispiel Niederwall, 33602 Bielefeld | **ÖPNV** alle Stadtbahnlinien, Haltestelle Rathaus | **Tipp** In den U-Bahnhöfen der Linie 4 zwischen Adenauerplatz und Universität kann man auf naturkundliche Zeitreise gehen. Auf den Bahnsteigen wurden Vitrinen im Boden eingelassen, die beispielsweise das Skelett eines Wollnashorns oder die Reste eines Meeressauriers zeigen.

85 Das Stadtmodell

Historie im Kleinformat

Das »Alte Rathaus« am Niederwall müsste eigentlich »Neues Rathaus« heißen. Schließlich wurde das Gebäude erst 1904 errichtet, als die Räumlichkeiten im ursprünglichen Rathaus am Alten Markt nicht mehr ausreichten. Den Titel »Altes Rathaus« erhielt das Sandsteingebäude, dessen Stil als Mix aus Gotik und Renaissance bezeichnet werden kann, Ende der 1970er Jahre, als das »Neue Rathaus« für den Sitz der Verwaltung errichtet wurde. Glücklicherweise hatte das Alte Rathaus die schwerwiegenden Bombenangriffe auf Bielefeld im Zweiten Weltkrieg nahezu unbeschadet überstanden und blieb als repräsentativer Sitz des Oberbürgermeisters und für weitere Verwaltungszwecke erhalten.

Die Eingangshalle des Gebäudes ist jedoch nicht nur aufgrund ihrer Architektur sehenswert, sondern auch wegen des Bielefelder Stadtmodells von 1650. Die detailgetreu gearbeitete Nachbildung zeigt sehr anschaulich, wie Alt- und Neustadt im Mittelalter aussahen. Das Stadtbild war geprägt von aneinandergereihten Häusern, teilweise mit sichtbarem Fachwerk, andere mit hübschen Schmuckgiebeln ausgestattet. Die Stadt wurde geschützt von einer umlaufenden Mauer, Wassergräben und einer Wallanlage, Türmen sowie zwei hintereinanderliegenden Stadttoren, die mit Zugbrücken geschlossen wurden. Hoch über allem thronte die Sparrenburg.

Die Neustadt mit ihren drei Siedlungskernen – der Handwerkersiedlung an der Breiten Straße, den Adelshöfen an der Kreuzstraße sowie der Stiftsimmunität an der Neustädter Marienkirche – war mehrere Jahrhunderte lang eine eigenständige Stadt. Erst 1520 wurde sie mit der durch Kaufleute geprägten Altstadt vereinigt, obwohl beide Städte bereits seit dem 13. Jahrhundert existierten. Im Stadtmodell ist schön erkennbar, dass mehr als 100 Jahre nach der Vereinigung die Stadt noch immer von einem Stück der Mauer durchzogen wurde, die einst Alt- und Neustadt voneinander trennte.

Adresse Niederwall 25, 33602 Bielefeld | ÖPNV Stadtbahn 1, 2, 3, 4, 10 und 13, Haltestelle Rathaus | Öffnungszeiten Mo–Fr 8–12 Uhr | Tipp Am nahe gelegenen Jahnplatz (Hausnummer 4) befindet sich das geschichtsträchtige Café Europa. Der Schriftzug und die Fassade im Bauhausstil sind trotz Kriegszerstörungen erhalten geblieben. Das Café im Obergeschoss wurde vor wenigen Jahren im alten Stil renoviert.

86 Die Supertram

Ein Getränkewagen für den Siggi

Der leuchtend gelbe historische Straßenbahntriebwagen, der ohne Schienenanschluss auf dem Siegfriedplatz steht, ist schon ein echter Hingucker. Doch er steht dort nicht zur Dekoration, sondern ist Schankplatz für den Biergarten des Restaurants »Der Koch«. Als die Inhaber Kathrin und Fred Gehring 1990 den Biergarten auf dem Siggi eröffneten, stellten sie bald fest, dass eine Bewirtung aus dem Restaurant über die Straße hinweg zu umständlich war. Ein Ausschank vor Ort musste also her, aber nicht irgendeiner, sondern ein origineller.

Somit dauerte die Suche etwas länger, doch das Ergebnis war mehr als sehenswert: Der gelbe Triebwagen, Baujahr 1968, stand einst im Dienste der Straßenbahn Brandenburg/Havel. Seit 1999 steht er im Dienste der Gehrings und bereichert die ohnehin schon gemütliche Atmosphäre des Biergartens, der seither Supertram heißt. Unter der Straße hindurch verlaufen vom Lokal die Wasser- und Bierleitungen, sodass auch größerer Andrang laufend bewältigt werden kann. Und der herrscht an lauen Sommerabenden regelmäßig. Denn im Biergarten sitzt man nicht nur sehr gemütlich, man kann sich auch von der guten Küche des Restaurants verwöhnen lassen. Geordert wird im Triebwagen, abgeholt wird das Essen im Restaurant.

Letzteres kann trotz des modernen Ambientes und der zeitgemäßen Speisen, die zum Großteil aus Bioprodukten und mit regionalem Fleisch zubereitet werden, als Traditionsgaststätte bezeichnet werden. Schließlich ist Fred Gehring ein Nachkomme des Bäckermeisters Gehring, der ab 1914 in dem Haus an der Rolandstraße 15 seine Backstube mit Verkaufsraum hatte. Dessen Sohn Werner Gehring eröffnete 1955 die erste Gaststätte in den Räumlichkeiten. Wenn auch der Name der Gastronomie mehrfach wechselte – Betreiber blieb die Familie Gehring. Seit 1987 ist es Fred, der mit »Der Koch« und »Supertram« neue Ideen umsetzt.

Adresse Rolandstraße 15, 33615 Bielefeld, www.derkoch.de | ÖPNV Stadtbahn 4, Haltestelle Siegfriedplatz | Öffnungszeiten Di–Sa 16–24 Uhr | Tipp Im Greenwich (Arndtstraße 45) können Gin-Fans ihren Liebling aus über 40 Ginsorten wählen. Nebenbei gibt es in der Ginbar auch noch leckeres Essen aus Bioprodukten.

87_Das Theater Bielefeld

Zwei Häuser voller Kultur

Ende des 19. Jahrhunderts waren es die Bürger Bielefelds, die sich für mehr Kultur in ihrer Stadt einsetzten. 1885 stiftete Frau Crüwell, Witwe des Bielefelder Tabakfabrikanten, 10.000 Mark für den Bau eines Theaters. Die Stadt sagte den Bau unter der Bedingung zu, dass ein Drittel der Baukosten durch Spenden der Bürger finanziert würde. Der Initiative war Erfolg beschert; 1904 konnte das neu erbaute Stadttheater in direkter Nachbarschaft zum Rathaus am Niederwall eröffnet werden. Der Bau – eine Mischung aus Jugendstil und Barock – wurde nach einem Entwurf des Architekten Bernhard Sehring realisiert.

Nach wechselhaften Jahrzehnten, die durch finanzielle Krisen und zwei Weltkriege beeinträchtigt waren, erfolgte nach Kriegsende der Wiederaufbau, denn das Stadttheater war durch Bomben beschädigt worden. Am 1. Dezember 1947 konnte es mit Mozarts »Zauberflöte« wieder eröffnet werden. Auch dieses Mal kam Unterstützung von privater Seite – Rudolf-August Oetker finanzierte den größten Teil des Umbaus für das in Geldnöten steckende Theater.

Schon 1950 wurde die zweite Spielstätte des Theaters eröffnet: das ehemalige Rathaus am Alten Markt, das ebenfalls im Krieg stark zerstört worden war, wurde zum Schauspielhaus. Mit dem »Theater am Alten Markt« und dem Stadttheater war das Haus mit seinen drei Sparten Musiktheater, Tanz und Schauspiel gut aufgestellt. Nun sollte eine glanzvolle Zeit für das Theater Bielefeld beginnen: Das Orchester wurde vergrößert und war auch für Gastauftritte im europäischen Ausland unterwegs. In den 1980er Jahren erarbeitete sich das Musiktheater unter seinem Oberspielleiter John Dew einen internationalen Ruf.

Zu seinem 100. Geburtstag standen umfassende Renovierungsarbeiten im Stadttheater an. Wie bei der Gründung des Theaters war es dem Engagement der Bürger durch Spenden zu verdanken, dass die Sanierung finanziert werden konnte.

Adresse Niederwall 27 und Alter Markt 1, 33602 Bielefeld, www.theater-bielefeld.de | **ÖPNV** Stadtbahn 1, 2, 3, 4, 10 und 13, Haltestelle Rathaus | **Öffnungszeiten** zu den Vorstellungen gemäß Website | **Tipp** Essen, trinken und den freien Blick über die Dächer Bielefelds schweifen lassen – das kann man im Bernstein (Niederwall 2/Renteistraße), 25 Meter über dem Jahnplatz.

88 Das Tor 6 Theaterhaus

Heimat des Theaterlabors

Noch ein gelungenes Beispiel dafür, wie ein ehemaliger Industriebau in der Bielefelder Innenstadt einer neuen, modernen Nutzung zugeführt wurde: Im einstigen Tor 6 der Dürkopp-Werke ist im Jahr 2000 das Theaterlabor eingezogen. Dieses freie und unkonventionelle Theater wurde bereits 1983 von seinem künstlerischen Leiter Siegmar Schröder gegründet. Bis zum Umzug ins Tor 6 war es in einem angemieteten Theaterhaus im Bielefelder Osten beheimatet. Während der ersten Jahre entwickelte das Ensemble durch intensive Körperarbeit seine ganz eigene Bühnensprache. Bis heute nutzen Darsteller und Regisseure die Theaterarbeit als Experimentier- und Forschungsfeld, um ihre Zuschauer immer wieder zu überraschen. Getreu dem Namen des Theaterlabors.

Da sich das Tor 6 in den letzten Jahren immer mehr zu einem offenen Theaterhaus entwickelt hat, das zwar vom Theaterlabor betrieben wird, aber auch anderen Ensembles und Produktionen offensteht, wurde aus dem »Theaterlabor im Tor 6« das »Tor 6 Theaterhaus«. So ist aus der ehemaligen Produktionshalle des Nähmaschinenherstellers Dürkopp eine Veranstaltungsstätte für ein vielfältiges Programm geworden, das neben experimentellem Theater auch Tanzvorführungen, Kleinkunst und ein theaterpädagogisches Angebot beinhaltet.

Das Ensemble des Theaterlabors selbst beschränkt sich in seiner Arbeit aber nicht nur auf das eigene Haus. Es ist in der ganzen Region mit Indoor- und Outdoorproduktionen aktiv, die speziell für die jeweiligen Spielorte entwickelt werden. Für das Projekt »Stadtflucht« ist das Theaterlabor in ländliche Gemeinden gezogen und hat mit den dortigen Kulturschaffenden – Musikern, Tanzschulen, Laienspielgruppen – kleine Kulturevents inszeniert. Insgesamt ist es ein wichtiges Anliegen des Theaterlabors, Menschen ans Theaterspielen heranzuführen. So gibt es auch im Tor 6 Theatergruppen für jedes Alter.

Adresse Hermann-Kleinewächter-Straße 4, 33602 Bielefeld, www.theaterlabor.de | ÖPNV Stadtbahn 3, 10 und 18, Haltestelle Ravensberger Straße | Öffnungszeiten zu den Vorstellungen gemäß Website | Tipp In der Manufaktur von Angie Holste (Helmholtzstraße 28) findet man individuelle Taschen und Accessoires aus Leder.

89__Das Vahle

... ist Einmalig und Anders

Egal, ob Wiener Schnitzel, Bœf Stroganoff oder Rindsroulade – im Vahle findet man fast alle Küchenklassiker auf der Speisekarte. Da diese hier ebenfalls mit viel Liebe und in bester Qualität zubereitet werden, schmecken sie auch genauso gut wie einst bei Muttern. Die Küche ist aber nicht der einzige Grund, warum das Vahle Kult ist. Vielmehr verdankt es diesen Status seiner Authentizität. Schließlich gibt es die Gaststätte schon seit gut 150 Jahren.

August Vahle war eigentlich Bäcker, als er im Jahr 1866 zusätzlich zu seiner Bäckerei und seinem Gemischtwarenladen einen Ausschank eröffnete. Damals lag die Gaststätte noch am Stadtrand von Bielefeld. Vahle hatte seinerzeit viele Kunden aus dem damaligen Nachbarort Uerentrup. Der geschäftige Ex-Bäcker machte sich damals nicht nur als Händler und Gastronom einen Namen, sondern auch als Wohltäter in seinem Viertel. Er investierte in den Neubau von Häusern in der Nachbarschaft und war Mitbegründer der Freiwilligen Feuerwehr Bielefeld-West. Bis in die Mitte der 1970er Jahre blieb die Gaststätte, die ursprünglich Westend hieß, in Familienbesitz. Die heutigen Betreiber Michael und Elisabeth Neumann haben sie im Jahr 2000 übernommen.

Dass der heutige Name »Vahle Einmalig Anders« absolut passend gewählt ist, erkennt man sofort nach dem Betreten des Restaurants. Antikes Mobiliar in Kombination mit zahllosen Sammlerstücken verleiht dem Gastraum einen außergewöhnlichen und gemütlichen Charakter. An der Wand grüßt Kaiser Wilhelm II. mit Pickelhaube, und unter der Decke schweben rund zwei Dutzend Holzenten. Beim Interieur haben die Neumanns alles so belassen, wie es war. Dass sie mit der Speisekarte an alte Traditionen anknüpfen, auf Qualität achten und zu alledem auch noch der Service stimmt, lässt die meisten Besucher zu Stammgästen werden. Mit diesem Gesamtpaket kann das Vahle die nächsten 150 Jahre in Angriff nehmen.

Adresse Wertherstraße 24, 33615 Bielefeld, www.vahle-einmalig-anders.de | **ÖPNV** Bus 27, Haltestelle Kiskerstraße | **Öffnungszeiten** Mo–Sa ab 18 Uhr, Küche bis 22 Uhr | **Tipp** Wer der Wertherstraße bis zum Stadtrand folgt und kurz vorher links abbiegt, gelangt zum Bauerngärtchen der Familie Wörmann (Kirchdornberger Straße 79). Ein kleiner Bioladen, ein Hofcafé und viele zutrauliche Tiere ziehen besonders junge Familien an.

90 Die Weiße Villa

Modernes Design in Bewegung

Ein Paternoster ist immer ein Hingucker. Wenn er dann auch noch aus Glas gefertigt wurde und nicht der Beförderung von Personen, sondern von Designobjekten dient, ist er wirklich ein Highlight. Genau so einen Aufzug, der als mobile Vitrine genutzt wird, findet man in der Weißen Villa im Ravensberger Park. Seit 2005 ergänzt sie das Museum Huelsmann, das in der benachbarten Villa aus dem 19. Jahrhundert untergebracht ist, die einst Direktorensitz der ehemaligen Ravensberger Spinnerei war. Während im Haupthaus die klassische Privatsammlung von F. K. A. Huelsmann, der Mitte des 20. Jahrhunderts als bedeutendster Kunst- und Antiquitätenhändler Deutschlands galt, gezeigt wird, widmet sich die Weiße Villa ausschließlich modernen Objekten.

Es sind vornehmlich Kunsthandwerk und Design, auf die sich die moderne Sammlung des Museums Huelsmann konzentriert. Hier kann man unterschiedlichste Exponate aus Glas, Keramik, Porzellan oder auch Metall betrachten. Wechselnde Sonderausstellungen befassen sich mit verschiedenen Themen der Kunst und der Kulturgeschichte und erweitern so das Angebot der ebenfalls präsenten eigenen Sammlung zum 20. und 21. Jahrhundert. Zugleich kann man beim Museumsbesuch die außergewöhnliche Technik des Aufzugs bestaunen, was die gläserne Konstruktion ermöglicht. Langsam und dabei fast schwerelos werden die Ausstellungsobjekte inmitten des Treppenhauses über drei Geschosse transportiert.

Absolut sehenswert ist auch die Villa selbst. Mitte des 19. Jahrhunderts wurde sie im Auftrag von Heinrich Niedergassel errichtet, der zu den Gründern der Ravensberger Spinnerei gehörte. Die Weiße Villa ist das älteste Gebäude des Ensembles im Spinnereipark. 2014 konnte die mehrere Jahre andauernde Renovierung abgeschlossen werden. Seither strahlt das Gebäude in altem Glanz und kann nun auf der gesamten Fläche für die Ausstellung genutzt werden.

Adresse Ravensberger Park 3, 33607 Bielefeld, www.museumhuelsmann.de | **ÖPNV** Bus 52, Haltestelle Ravensberger Park | **Öffnungszeiten** Di–Sa 14–18 Uhr, So 11–18 Uhr | **Tipp** Ein alternatives Kulturprogramm gibt es im AJZ, dem autonomen und selbstverwalteten ArbeiterInnen-Jugend-Zentrum (Heeper Straße 132).

91 Das Welthaus

Voller Einsatz für Solidarität und Entwicklung

Eine globale soziale Gerechtigkeit und eine zukunftsfähige Entwicklung – dafür setzen sich im Welthaus Bielefeld eine Handvoll hauptamtliche und sehr viele ehrenamtliche Mitarbeiter und Mitarbeiterinnen ein. Sie organisieren nicht nur Unterstützerprojekte in hilfsbedürftigen Ländern, sondern auch Bildungsarbeit und Kulturprojekte hierzulande. Gleichermaßen Bestandteile sind die Organisation von Freiwilligendiensten im Ausland und Angebote zur Integration von Migranten und Geflüchteten. Unter dem Dach des Vereins bündeln sich zahlreiche Mitgliedsgruppen, die sich für spezielle Themen oder einzelne Länder engagieren. Eine im Jahr 2010 gegründete gleichnamige Stiftung sichert die finanzielle Zukunftsfähigkeit des Welthauses.

Was heute professionell strukturiert ist, war 1980 ein mutiger Schritt von ein paar jungen Leuten, denen die Entwicklung in den sogenannten Drittweltländern ein wichtiges Anliegen war. Bis dahin hatten sie sich in einzelnen Solidaritätsgruppen für Länder in Lateinamerika oder Afrika engagiert. Fortan planten sie, gemeinsam tätig zu werden und ein Zentrum für die Dritte Welt zu gründen. Sie wollten den Bielefeldern die Möglichkeit geben, sich über die Länder im Süden zu informieren und sich für sie zu engagieren. Darüber hinaus sollten sie faire Produkte im Dritte-Welt-Laden kaufen können.

Während anfangs noch Solidarität und Öffentlichkeitsarbeit im Vordergrund standen, etablierten sich im Laufe der Zeit immer mehr Entwicklungshilfeprojekte. Das Welthaus machte sich weit über die Grenzen Bielefelds und der Region hinaus einen Namen. Auch in der Bildung wird professionelle Arbeit geleistet, Projekte sowie Referenten werden angeboten und Lehrmaterialien entwickelt. Mit dem Café Welthaus wird es interessierten Menschen ganz leicht gemacht, in Kontakt zu treten. Ganz gleich, ob bei einer Veranstaltung, dem interkulturellen Gemeinschaftscafé oder einfach nur so.

Adresse August-Bebel-Straße 62, 33602 Bielefeld, www.welthaus.de | **ÖPNV** Bus 27, Haltestelle Pauluskirche | **Öffnungszeiten** Mo–Fr 9–13 und 15–18 Uhr, Café Mo–Fr 11–18 Uhr | **Tipp** Einen ungewöhnlichen Namen und ein modernes Konzept aus Kneipe, Bar und Restaurant bietet das Nichtschwimmer (Arndtstraße 6–8).

92 Der Wendtsche Hof

Alter Adel in der Altstadt

Im Mittelalter gab es in Bielefeld einst 17 Adelshöfe. Sie befanden sich sowohl in der Altstadt als auch in der Neustadt, die ja gar nicht so viel jünger war als die Altstadt. Doch die Zerstörungen des Zweiten Weltkriegs haben große Teile des historischen Stadtkerns Bielefelds in Schutt und Asche gelegt. So sind nur noch wenige dieser Höfe erhalten geblieben. Diejenigen von ihnen, die sich in der Altstadt befinden, gruppieren sich mehr oder weniger dicht um den Klosterplatz herum.

Einer von ihnen ist der Wendtsche Hof in der Hagenbruchstraße, nur ein paar Schritte vom Klosterplatz entfernt. Mit seiner verputzten Fassade präsentiert sich das 32 Meter lange und neun Meter breite Gebäude zur Straße hin eher schlicht. Im Innenhof hingegen sorgen das sichtbare Fachwerk und das eckige Türmchen für historisches Ambiente. Obwohl der Treppenturm erst im 19. Jahrhundert erbaut wurde, stammen einige Teile des Gebäudekomplexes noch aus dem Spätmittelalter. Während Teile der Straßenfront und der Dachstuhl auf 1537 datiert werden können, stammen das Fachwerk des Obergeschosses sowie die Türen zum Hof aus der Zeit um 1710. Knapp 50 Jahre später kam das Erdgeschoss des Hofflügels hinzu, das im 19. Jahrhundert um das Obergeschoss ergänzt wurde.

Zunächst wurde der Hof als Wohnhaus für die Familie von Wendt errichtet. Im Jahr 1718 übernahm ihn die Familie von Kessel. Von 1800 bis 1847 diente er der Jüdischen Gemeinde Bielefeld als Gebetshaus. Sie erhielt den Hof als Schenkung und nutzte ihn, bis die Synagoge an der Turnerstraße fertiggestellt war. Danach wurde aus dem Wendtschen Hof eine Weinhandlung und letztendlich ein Brauhaus mit gemütlichem Biergarten. Im Inneren dominieren die beiden Braukessel den Gastraum. Hier werden inmitten der Gäste zwei eigene Biersorten – ein mildes und ein herbes – gebraut und natürlich auch ausgeschenkt.

Adresse Hagenbruchstraße 8, 33602 Bielefeld, www.brauhaus-joh-albrecht.de | **ÖPNV** Bus 21, 22, 24, 27, 28, 29, 31, 87, 95 oder 185, Haltestelle Klosterstraße | **Öffnungszeiten** Mo–Sa ab 12 Uhr, So ab 11 Uhr | **Tipp** Im Gebäude an der Obernstraße 36 wurde 1975 der Consbruch'sche Giebel, der eigentlich zum Haus an der Obernstraße 9 gehörte, integriert.

93__Die Wilde Liga

HAB Mitleid bis Hirnverband

Bielefeld die Fußballmetropole? Und ob. Nicht nur wegen des Bundesliga-Rekordaufsteigers in Blau-Weiß, sondern ganz besonders wegen der vielen Fußballbegeisterten und -aktiven im Breitensport. In Bielefeld gibt es sogar eine eigene Fußballliga – die Wilde Liga. Wild, weil die teilnehmenden Mannschaften keinem Verein angehören und die Liga verbandsunabhängig ihren Spielbetrieb organisiert. Zugleich ist die Liga durchaus zahm. Denn damit die Organisation reibungslos klappt, müssen alle Beteiligten gut strukturiert arbeiten. Schließlich wird alles von ehrenamtlichen Helfern organisiert – vom Abkreiden der Plätze bis zum Einsatz als Schiedsrichter, wenn denn überhaupt einer am Spiel beteiligt ist. Denn das ist eine der Sonderregeln, die in der Wilden Liga gelten: Wenn eine der beiden Mannschaften ohne Unparteiischen das Spiel bestreiten möchte, dann wird es so gemacht. Was wild klingt, zeigt aber einmal mehr, wie diszipliniert und fair es bei den Freizeitkickern zugeht. Zu Unstimmigkeiten oder gar Auseinandersetzungen kommt es fast nie.

Seit über 40 Jahren hat die Wilde Liga nun schon Bestand und zählt derzeit rund 30 Teams, die in zwei Ligen gegeneinander antreten. Damit ist sie die älteste und gleichzeitig eine der größten Wilden Ligen, die es in Deutschland gibt. Ein neues Team, das in den Spielbetrieb einsteigen möchte, beginnt zunächst in der unteren Liga – dem »Souterrain«. Falls der Aufstieg gelingt, geht es in der oberen Liga »Um die Wurst«. Ähnlich kreativ wie die Namen der Ligen sind auch die der Teams. Hier wird für »HAB Mitleid«, »Laufen soll'n die Anderen« oder auch »Dieter Hoeneß Hirnverband« gejubelt. Wer mitmachen möchte, sollte sich zunächst mit dem Regelwerk vertraut machen. Kern des Selbstverständnisses der Liga ist der respektvolle Umgang der Spieler und Spielerinnen miteinander – und auch die Würde des Balles ist für die Wilden unantastbar.

Adresse Heeper Straße 301, zwischen Radrennbahn und Heeper Fichten, 33607 Bielefeld, www.wilde-liga-bielefeld.de | **ÖPNV** Bus 26 oder 52, Haltestelle Meyer zu Heepen | **Öffnungszeiten** Spielzeiten: während der Saison immer sonntags im »Wohnzimmer« neben der Radrennbahn | **Tipp** »Regulären« Fußball der zweiten Arminia-Mannschaft und des VfB Fichte, aber auch American-Football-Spiele der Bielefeld Bulldogs kann man im Stadion Rußheide (Mühlenstraße 121) sehen.

94 Die zwitschernden Bäume

... haben viel zu erzählen

Im Schatten der Neustädter Marienkirche steht Frieli. Frieli ist eine stattliche Linde, deren Stamm einen Umfang von über sechs Metern aufweist und der weit mehr als 300 Jahresringe präsentieren würde, fiele Frieli der Kettensäge zum Opfer. Aber das tut sie nicht. Denn die Friedenslinde, die 1648 anlässlich des Westfälischen Friedens gepflanzt wurde, ist vermutlich Bielefelds ältester Baum und dementsprechend geschützt. Um aber auch andere, weniger prominente Bäume davor zu schützen, gefällt zu werden, wurden Frieli und sieben andere ehrwürdige Bäume zum Zwitschern gebracht.

Zum 800-jährigen Stadtjubiläum Bielefelds im Jahr 2014 hat die Kreisgruppe des BUND die Aktion »Das Zwitschern der Bäume« ins Leben gerufen. Schließlich sind Bäume jahrhundertealte Zeitzeugen, die unsere Aufmerksamkeit verdienen. Durch das »Zwitschern« sollten sie im digitalen Jahrhundert ankommen und zugleich eine Brücke zwischen Natur und Kultur schlagen. Seither berichten die Bäume im Internet nicht nur von ihrer eigenen Geschichte, sondern auch von dem, was während ihrer langen Lebenszeit um sie herum geschehen ist. So berichtet Raspa, die 120-jährige Buche im Park der Ravensberger Spinnerei, wie das damals war, als die Spinnerei schließen musste und die Bürger in jahrelangen Protestaktionen ihren Abriss verhindern konnten. Und Blubu, die 1850 gepflanzte Blutbuche auf dem Jahnfriedhof, erinnert sich daran, wie das erste Gaswerk Bielefelds gebaut und die Nächte durch die gasbetriebenen Laternen nie mehr richtig dunkel wurden.

Plata, die Platane am Niederwall, ist etwa 270 Jahre alt und hat von allen Bäumen Bielefelds wahrscheinlich die größte Baumkrone. Ihr Stamm hat einen Umfang von über fünf Metern und teilt sich in drei Metern Höhe in sieben Stämmlinge auf. Sie hat noch miterlebt, wie der Niederwall als Ulmenallee angelegt wurde, weshalb er inoffiziell auch Ulmenwall genannt wird.

Adresse Niederwall, Ecke Am Bach, 33602 Bielefeld, www.zwitschern-der-baeume.de | **ÖPNV** Stadtbahn 1, 2, 4, 13 und 18, Haltestelle Landgericht | **Tipp** Der älteste Coffeeshop der Region ist das M Kaffee (Gehrenberg 7–9). Von den Lesern eines Stadtmagazins wurde es mehrfach zum »Café des Jahres« gewählt.

95 Der alte Dorfkern

Gemütliches Flair an der Stiftskirche

Bielefeld wäre nicht das, was es heute ist, hätte man nicht im 20. Jahrhundert fleißig die angrenzenden Städtchen und Dörfer eingemeindet. Wer mit offenen Augen durch die Stadtbezirke streift, kann schnell die ursprünglichen Ortskerne identifizieren, die teilweise noch sehr gut in ihren alten Strukturen erhalten sind. So ist es auch in Schildesche. Dort, wo heute noch die Stiftskirche den einstigen Ortsmittelpunkt markiert, gründete die adlige Witwe Marswidis im Jahr 939 ein Frauenstift, um das sich bald eine Siedlung bildete. Eine erste Kirche wurde bereits 960 eingeweiht und im 13. Jahrhundert durch die heutige Kirche ersetzt.

Der Kirchplatz ist gesäumt von einer hübschen Reihe kleiner Häuschen, von denen sich einige noch mit historischen Fachwerkfassaden präsentieren. Aber auch in den angrenzenden Straßen verbreitet sich das Flair eines alten Dorfkerns. Die geschwungenen, am Hang liegenden Gassen mit ihren Fachwerkhäusern tragen zweifelsfrei dazu bei.

Auch wenn das Pflaster modernisiert ist und einige Häuser aus dem 20. Jahrhundert stammen, die gemütliche Atmosphäre hat sich Schildesche bewahrt. Da es eine kleine, aber feine Infrastruktur mit verschiedenen Restaurants und Fachgeschäften gibt, ist das ehemalige Dorf lebendig geblieben. Dafür sorgt auch eine aktive Ortsgemeinschaft, die sich in verschiedenen Vereinen mit Aktivitäten für Schildesche engagiert.

Der Verein »InSchildesche«, ein Zusammenschluss von Geschäftsleuten und Privatpersonen, kümmert sich darum, die Attraktivität, das kulturelle Leben sowie die Gemeinschaft in Schildesche zu fördern. Er sorgt dafür, dass es einmal im Jahr richtig voll wird im Dorf – dann nämlich wird der Stiftsmarkt gefeiert, der in ähnlicher Form bereits 1975 zum ersten Mal stattfand. Drei Tage lang stehen dann Kirchplatz und umliegende Gassen im Zeichen von Kirmesbuden, Musik und unterschiedlichsten Vorführungen.

Adresse An der Stiftskirche, 33611 Bielefeld | ÖPNV Bus 27, 31, 51, 101 und 155, Haltestelle Im Stift | Tipp Das Restaurant Möpken (Im Stift 5) ist in einem der ältesten historischen Gebäude des Schildescher Ortskerns untergebracht. Es handelt sich um ein Drei-Ständer-Fachwerkhaus von 1747.

96_Die Laborschule

Lernen (er-)lernen

Eine Universität muss nicht nur ihre Studenten in bestimmten Fachrichtungen ausbilden, sondern zugleich auch Forschung betreiben. Manchmal muss diese Forschung auch am lebenden Objekt stattfinden. Handelt es sich um den Fachbereich Pädagogik, dann müssen eben auch Kinder zum Forschungsobjekt werden. Oder so ähnlich. Die beste Art und Weise, wie Kinder lernen sollen, kann nämlich wissenschaftlich erforscht werden. Genau dies geschieht an der Laborschule.

Mit Gründung der Universität Bielefeld im Jahr 1969 wurde der renommierte Pädagoge Hartmut von Henting in den wissenschaftlichen Beirat berufen. Diesem Ruf folgte er unter der Bedingung, dass eine Laborschule als Forschungszentrum für die pädagogische Fakultät eingerichtet würde. So wird hier seit 1974 ein Bildungsalltag praktiziert, der in vielen Dingen weit von dem der Regelschulen abweicht. Ein individualisierter Unterricht, in dem Kinder durch Erfahren und Erleben lernen, anstatt belehrt zu werden, steht dabei im Zentrum. Mehrtägige Klassenfahrten und Berufspraktika stehen deshalb regelmäßig auf dem Programm.

In der Laborschule sollen neue und erfolgreiche Wege des Lehrens und Lernens erprobt und erforscht werden. Zugleich können Pädagogikstudenten hier umfangreiche Praxiserfahrung sammeln. Wie es bei Forschungsarbeiten oder empirischen Studien üblich ist, sollen die Schüler dabei den normalen Durchschnitt der Bevölkerung abbilden. Das gelingt jedoch nicht so ganz, denn die 60 Plätze pro Jahrgang, die es in der unkonventionellen Lehranstalt zu besetzen gilt, sind besonders bei Akademikerfamilien begehrt. Und die sind mit den Lerninhalten und Lehrmethoden offenbar sehr zufrieden. Mehrmals im Jahr öffnet die Schule ihre Türen für Besucher, die wissen möchten, wie das Lernen im Labor funktioniert. Mit Begeisterung. Dösende Pennäler sucht man in dieser Einrichtung vergebens.

Adresse Universitätsstraße 21, 33615 Bielefeld, www.uni-bielefeld.de/LS | **ÖPNV** Bus 31, Haltestelle Kurt-Schumacher-Straße | **Öffnungszeiten** Besuchstage siehe Homepage | **Tipp** In das historische Vier-Ständer-Fachwerkhaus auf dem Bültmannshof (Kurt-Schumacher-Straße 17a) ist nach längerem Leerstand das Wirtshaus 1802 eingezogen und bereichert seitdem das Gastronomieangebot Bielefelds.

97__Der Obersee

Eine Talsperre als Naherholungsgebiet

Eigentlich sind der Johannisbach und die Jölle zwei kleine Flüsschen, die sich gemächlich durch Bielefelds Nordosten schlängeln. Doch bei starken Regenfällen neigten beide dazu, die umliegende Landschaft zu überfluten.

Deshalb wurde Abhilfe geschaffen: 1977 begann man mit dem Bau der Johannisbachtalsperre. Sie diente beiden Gewässern als Ablauf, staute sie auf und glich zu hohe Pegelstände aus. Fünf Jahre später waren die Bauarbeiten abgeschlossen, und der 950 Meter lange und bis zu 300 Meter breite Obersee war entstanden. Er sollte die Sedimente, die beide Flüsse mit sich trugen, aufnehmen, bevor das Wasser in den eigentlichen Stausee geleitet wurde, dessen Bau allerdings erst geplant war. Dieser sogenannte Untersee sollte zugleich für Freizeitaktivitäten und Wassersport genutzt werden. Bislang wurde er noch nicht realisiert – aus finanziellen, aber auch ökologischen und städtebaulichen Gründen.

Ein beliebtes Naherholungsziel ist die Talsperre dennoch geworden. Um den See herum finden sich Wander- und Radwege, Grünflächen, Spielplätze, Gastronomie und eine Minigolfanlage. Auch für Angler ist der Obersee ein beliebtes Revier, genauso wie für Ornithologen. Denn der nördliche Bereich des Sees ist als Vogelschutzgebiet ausgewiesen. Hier brüten rund 50 verschiedene Vogelarten.

Vom Nordufer des Sees hat man nicht nur einen schönen Blick über selbigen, sondern auch über die weite Landschaft und die Stadtsilhouette. Beeindruckend ist auch der Schildescher Viadukt, der die Talsperre am östlichen Ende überquert. An dieser Stelle befindet sich zudem die – wenn auch nicht sehr hohe – Staumauer. Dass heutzutage nicht mehr allzu häufig Wasser darüberfließt, liegt daran, dass Johannisbach und Jölle den Obersee seit einer weiteren Baumaßnahme am Nordufer umfließen. Sie spülten zu viel Sediment in den See, der dadurch zu verlanden drohte.

Adresse Nähe Engersche Straße 185, 33611 Bielefeld | ÖPNV Bus 51, 101 und 155, Haltestelle Obersee | Tipp Der Schildescher Viadukt überquert als Eisenbahnbrücke das Johannisbachtal. Sein erhaltener historischer Teil mit den Rundbögen stammt aus dem Jahr 1847.

98 Der Seekrug

Vom Pickertdiplom zur Beachparty

Was gibt es Entspannenderes, als einen Tag am Strand zu verbringen? Ist es zu weit zum Strand, holt man ihn sich eben vor die Haustür. So auch in Bielefeld. Die Düne 13 hat dabei einen entscheidenden Vorteil gegenüber anderen Beachclubs: Hier findet man nicht nur einen feinen Sandstrand vor, sondern auch noch Wasser, was ja an einem echten Strand eher nicht fehlen darf. Zwar nicht mit Wellenrauschen und zum Hineinspringen, aber der Blick aufs Wasser ist nun einmal das, was die Menschen am Strand so sehr genießen. So wird an der Düne 13 Beachvolleyball gespielt, man feiert Beachpartys, grillt und chillt einfach nur.

Die Düne 13 ist Teil des Seekrugs, eines Ausflugslokals, das sich in einem wieder aufgebauten Fachwerkhaus aus dem 16. Jahrhundert befindet. Mit seinem gemütlichen Restaurant und dem riesigen Biergarten ist er zu jeder Jahreszeit ein beliebtes Ausflugsziel in der Region. Denn neben gutem Essen und Trinken bietet der Seekrug eine schöne Atmosphäre am See. Während die meisten Besucher den Ausflug mit einem ausgedehnten Spaziergang am Ufer verknüpfen, bietet der Seekrug auch für diejenigen, die noch mehr Aktivitäten wünschen, ein vielfältiges Angebot. Dazu zählt neben den Beachvolleyballfeldern an der Düne 13 auch die Minigolfbahn mit 18 Bahnen. Im Sportlerbüro trifft man sich zum Nordic Walking oder zu anderen Touren. Wer es lieber etwas ruhiger und dafür kreativer mag, findet im Getreidespeicher das Atelier »Farbenspiel« mit vielen Anregungen und Kursen.

Das Highlight im Seekrug ist aber eindeutig der Pickert. Der traditionelle ostwestfälische Kartoffelpfannkuchen wird hier in vielen deftigen und süßen Variationen angeboten. Gruppen können sogar ihr Pickertdiplom machen, bei dem sie allerlei Wissenswertes und Geschichtliches zur Kartoffel und zum Pickert erfahren, selbst beim Kartoffelreiben aktiv werden und anschließend das leckere Pickertbuffet genießen.

Adresse Loheide 22a, 33609 Bielefeld, www.seekrug.com | **ÖPNV** Bus 51, 101 und 155, Haltestelle Obersee | **Öffnungszeiten** Sommer Mo–So ab 11 Uhr, Winter Mo–Sa 12–18 Uhr, So 10–18 Uhr, Düne 13 bei gutem Wetter Mo–Sa ab 14 Uhr, So ab 12 Uhr | **Tipp** Im Zauberwaldgarten des Primelgrün e. V. (Grafenheider Straße 170) gibt es naturpädagogische Angebote für Kinder und Outdoor-Events für Erwachsene.

99__Die Weintaverne

Klein und sehr fein

In der gemütlichen Altstadt von Schildesche stößt man auf ein kleines Restaurant, dessen Küche es zu einem der großen in Bielefeld macht. Von außen wirkt das Häuschen mit den hölzernen Fensterläden, dessen grobe Putzfassade von wildem Wein berankt wird, fast so, als wäre es direkt aus Frankreich nach Bielefeld gebeamt worden. Im Inneren ist es mindestens ebenso gemütlich. Im Winter sorgt ein offener Kamin für Behaglichkeit, im Sommer zieht es die Gäste auf die kleine, geschützte Terrasse hinter dem Haus. Chefkoch und Inhaber Sebastian Höptner hat hier zusammen mit seiner Frau Nina ein wahres Kleinod geschaffen. Nach zahlreichen Stationen in den besten Küchen Deutschlands hat es den Koch 2007 zurück nach Schildesche gezogen, wo er aufgewachsen ist.

Seither bietet er den Gästen in seiner Weintaverne nicht nur ausgezeichnete Steaks, sondern auch eine kreative Küche mit wechselnder Tageskarte. Als Mitglied bei Slow Food orientiert er sich dafür an marktfrischen Produkten, die gerade Saison haben. Am liebsten direkt vom benachbarten Wochenmarkt in Schildesche, von lokalen und regionalen Produzenten oder auch mal aus dem eigenen Garten. Passend zu den Menüs werden sorgfältig ausgewählte Weine angeboten. Schließlich will die Weintaverne ihrem Namen alle Ehre machen. Wer dabei besonderen Geschmack an dem einen oder anderen Tropfen gefunden hat, kann diesen anschließend in der zugehörigen Weinhandlung erwerben.

Dass Sebastian Höptner nach den langen Lehr- und Wanderjahren in seiner Heimat ein eigenes kleines Restaurant eröffnet hat, ist eine echte Bereicherung für Schildesche. Am Wochenende ist kaum ein Tisch zu ergattern, ohne vorher reserviert zu haben. So dauerte es auch nur wenige Jahre, bis die Inspektoren des berühmten Guide Michelin auf die kleine Taverne aufmerksam wurden und sie nun lobend in ihrem Restaurantführer erwähnen.

Adresse Johannisstraße 11a, 33611 Bielefeld, www.wein-taverne.com | **ÖPNV** Bus 27, 31, 51, 101 und 155, Haltestelle Im Stift | **Öffnungszeiten** Di–Sa ab 18 Uhr, Reservierung unter Tel. 0521/86105 | **Tipp** Vom weitläufigen Friedhof (Niederfeldstraße 8) in der Nähe des alten Stadtkerns mit seiner schönen Kapelle kann man auf Spazierwegen bis zum Obersee gehen.

100 Die Alte Kapelle

Schmuckstück des Sennefriedhofs

Einst war die Senne eine unbebaute Heidelandschaft mit sandigem, wenig fruchtbarem Boden und daher kostengünstig zu erwerben. Also die ideale Ausgangssituation, um hier einen Friedhof anzulegen. Zu Beginn des 20. Jahrhunderts griff die Stadt Bielefeld zu, da die bisherigen Begräbnisstätten nicht mehr ausreichten. So entstand der 100 Hektar große Sennefriedhof, einer der größten Friedhöfe in ganz Deutschland.

In der parkartigen Anlage mit Bäumen und Grünflächen kommen Kunstinteressierte voll auf ihre Kosten. Grabplastiken von namhaften Künstlern wie Käthe Kollwitz oder Peter August Böckstiegel zieren die Grabstätten reicher Bielefelder Familien. Das Herz- und Prunkstück der Anlage ist aber eindeutig die im Jugendstil erbaute Alte Kapelle. Sie wurde in den Jahren 1910 bis 1913 erbaut und mit einem feierlichen Gottesdienst eingeweiht.

Der runde Bau mit dem imposanten Kuppeldach zählt zu den schönsten Bauwerken Bielefelds. Der Eingangsbereich ist als Vorhalle mit Säulen gestaltet. Ihr Giebel wird von einem drei Meter breiten Relief mit der figürlichen Darstellung des Todes, der Trauer und der Hoffnung geschmückt. Der Innenraum mit seiner 16 Meter hohen Kuppel ist relativ schlicht gehalten. Aufwendig gestaltet sind jedoch die 16 kleinen Fenster im Kuppelkranz. Der Glaskünstler Karl Muggly schuf im Jahr 1912 hierfür 16 kleine Kunstwerke für die Fenster. Vier Fenster zeigen jeweils einen der Evangelisten, auf den anderen sind Engel zu sehen.

Im südlichen Teil des Friedhofs wurde 1961 die Neue Kapelle eingeweiht. In dem Ziegelbau mit dem großen Satteldach ist der Angehörigenraum ebenfalls mit einem Glasbild von Karl Muggly aus dem Jahr 1925 ausgestaltet. Während die Neue Kapelle etwas großzügiger ausgelegt ist, bietet die Alte Kapelle mit ihrer schönen Architektur und dem imposanten Wasserbecken weiterhin für kleinere Trauerfeiern einen sehr schönen Rahmen.

Adresse Brackweder Straße, Ecke Friedhofstraße, 33659 Bielefeld | ÖPNV Stadtbahn 1, 12 und 18, Haltestelle Sennefriedhof | Öffnungszeiten Friedhof Mo–So 11–21 Uhr | Tipp Im nahe gelegenen Waldbad (Am Waldbad 72), das, wie der Name schon verrät, von Bäumen gesäumt wird, kann man sich in den Sommermonaten erfrischen.

101 Der Buschkamp

Gastlichkeit seit über 350 Jahren

Museumshöfe gibt es viele. Doch der in Senne ist anders. Natürlich gibt es hier historische Bauernhäuser zu sehen. Fachwerkhäuser aus dem 17. bis 19. Jahrhundert, die andernorts in der Region abgebaut und als denkmalgeschütztes Ensemble zusammengesetzt wurden. Natürlich wird hier auch viel Wissenswertes über die bäuerliche Lebens- und Arbeitsweise in früheren Zeiten vermittelt. Dabei liegt der Schwerpunkt – gemäß der regionalen Historie – im Bereich Textilien: Leinenverarbeitung, Handweberei, Blaudruck und Stickwerkstatt.

Was diesen jedoch von anderen Museumshöfen unterscheidet, ist der Fokus auf der Gastronomie. Das Gasthaus Buschkamp lädt dazu ein, traditionelle westfälische Küche in zeitgemäßer Interpretation zu genießen. Eine Nutzung, die an die Historie des 1811 erbauten Fachwerkhauses anknüpft. Denn schon Mitte des 17. Jahrhunderts wurde der Buschkamphof als Raststätte auf der Teuto-Passage am Hellweg genutzt. Im 19. Jahrhundert betrieb Bauer Buschkemper auf seinem Hof eine Schankwirtschaft, die jedoch keine Konzession hatte, sodass er für diese Tätigkeit bestraft wurde. Ab 1869 gab es dann die erste legale Schankerlaubnis für den Buschkamp. Der Hof war über Generationen hinweg als Schankwirtschaft bekannt, nicht nur bei Reisenden und Wanderern, sondern auch bei Soldaten, die sich auf dem Weg zum Truppenübungsplatz in der Senne aufhielten. Als 1982 – trotz Denkmalschutz – für das Gebäude an seinem Standort kein Platz mehr war, rettete es eine Bürgerinitiative vor dem Abriss.

1988 konnte der Buschkamp offiziell auf dem Museumshof wieder eröffnet werden und blickt heute auf eine über 170-jährige Tradition als Gasthaus zurück. Einen Teil der Zutaten ernten die Köche direkt aus dem Bauerngarten des Hofes und verarbeiten sie zu anspruchsvollen Gerichten. Zugleich gibt es ausgewählte Spezialitäten im Hofladen zum Mitnehmen.

Adresse Buschkampstraße 75, 33659 Bielefeld, www.museumshof-senne.de | **ÖPNV** Bus 36, Haltestelle Kampstraße | **Öffnungszeiten** Mi–So 12–22 Uhr | **Tipp** Auf dem Hof Niedergassel (Gasselstraße 130), in dem heute eine Hundeschule beheimatet ist, befindet sich ein zweigeschossiges Speichergebäude von 1777. Es gehört zu den letzten Vertretern dieser Art in Bielefeld.

102 Der Flugplatz Bielefeld

Mitfluggelegenheiten für jedermann

Mal eben einen Tagesausflug auf eine ostfriesische Insel unternehmen? Kein Problem! Morgens um 9 Uhr geht es los und am Nachmittag zurück. Schließlich ist man schon in einer Stunde da – wenn man das Flugzeug nimmt. Das startet direkt in Bielefeld vom Flugplatz im Stadtbezirk Senne. Von hier aus fliegen regelmäßig Privatpiloten nach Norden, die Mitfluggelegenheiten für bis zu drei Passagiere bieten. Die Mitflieger müssen sich jedoch an den anfallenden Flugkosten beteiligen. Wer nicht ganz so weit in die Ferne schweifen möchte, kann die Mitfluggelegenheiten auch für einen Rundflug über Bielefeld und die Umgebung nutzen. Geflogen wird in der Regel mit einmotorigen Propellermaschinen. Am Steuer sitzen erfahrene Privatpiloten, die den Passagieren die Schönheit des Fliegens näherbringen wollen.

Der Flugplatz Bielefeld bietet sich aber auch dann für einen Ausflug an, wenn man nicht den Himmel stürmen möchte. Mit Restaurant und Kinderspielplatz ist die Anlage so ausgestattet, dass man es gut aushalten kann, auch wenn man nur ein bisschen schauen möchte. Und zu schauen gibt es einiges. Der Luftsportverein Bielefeld Gütersloh e. V. ist mit zehn Motorflugzeugen stationiert, die von den Vereinsmitgliedern genutzt werden können. Dazu kommt noch ein halbes Dutzend Segelflugzeuge des Segelflugvereins Bielefeld e. V. Da die Vereinspiloten den Flugsport als Hobby betreiben, herrscht an Wochenenden mit gutem Wetter natürlich Hochbetrieb. Aber auch unter der Woche gibt es täglich Starts und Landungen zu beobachten. Denn da er ein Verkehrslandeplatz ist, herrscht in der Senne an sieben Tagen in der Woche Betrieb. Auch Geschäftsreisende nutzen die Anlage, um mit Chartermaschinen möglichst schnell zu ihren Meetings im In- oder Ausland zu kommen.

Adresse Am Flugplatz 1, 33659 Bielefeld, www.flugplatz-bielefeld.de | **ÖPNV** Bus 36, Haltestelle Stellmacherweg | **Tipp** Sportlich aktiv werden kann man in der Boulderhalle (Am Waldbad 60). Hier werden über 300 Routen auf rund 1.300 Quadratmeter Fläche geboten.

103 Die Osthusschule

Zeitreise mit Schiefertafel und Rohrstock

Eine kleine Zeitreise in die Vergangenheit des Schulalltags kann man in der Osthusschule unternehmen. 1894 wurde mit dem Bau des Gebäudes, das eine von drei neu erbauten Schulen in der Gemeinde Senne beherbergen sollte, begonnen. Ein Jahr später konnte der Unterricht aufgenommen werden. Fast 80 Jahre lang wurde in der Osthusschule unterrichtet – zunächst Volksschule, später Grundschule, wurde sie letztlich zur Realschule. Als 1974 der Schulbetrieb endete, zog ein Jugendheim ein. 1995 wurde die Osthusschule zum Museum.

In einem historischen Klassenraum werden die Besucher ins Jahr 1900 zurückversetzt. Mit zahlreichen originalen Ausstattungselementen wie Katheder, Bänken, einer Wandtafel sowie Lehr- und Lernmitteln ist er bestens eingerichtet, um mit Gruppen und Klassen eine Unterrichtsstunde, wie sie einst üblich war, abzuhalten. Gerade die heutigen Schüler betrachten ihren modernen Unterricht nach der historischen Schulstunde oftmals mit anderen Augen. Mädchen und Jungen sitzen getrennt voneinander auf historischen Holzbänken. Sie versuchen sich in der Sütterlinschrift und benutzen dazu Griffel und Schiefertafel. Sie erfahren, was damals einen strengen Lehrer ausmachte und welche Strafen seinerzeit für ungehorsame Schüler üblich waren. Auf den Einsatz des Rohrstocks wird jedoch verzichtet.

Das zweite Klassenzimmer, der Dachboden sowie die Räumlichkeiten im benachbarten Fachwerkhaus haben mit ihren Schul-, Kunst- und heimatkundlichen Sammlungen eher musealen Charakter. Der Fachwerkbau – ein ehemaliges Schulgebäude, das 1832 in Oldentrup erbaut wurde – ergänzt das Museum Osthusschule seit 2004. Sehenswert ist auch das 7.000 Quadratmeter große Außengelände mit Skulpturensammlung, Kräutergarten, Kleinrosarium, Staudenbeeten und Waldlehrpfad. Hier finden auf Anfrage besondere Schulstunden unter freiem Himmel statt, die naturkundliches Wissen vermitteln.

Adresse Senner Straße 255, 33659 Bielefeld, www.museum-osthusschule.de | ÖPNV Bus 36 oder 80, Haltestelle Museum Osthusschule | Öffnungszeiten Di 15–18 Uhr oder auf Anfrage | Tipp Steinkrögers Hof (Nordfeldweg 32) ist besonders für seinen Spargel bekannt. Im Hofladen findet man auch Floristik, Kartoffeln und bäuerliche Spezialitäten.

104 Die Rieselfelder Windel

Kläranlage wird Naturschutzprojekt

1872 übernahm Hermann Windel einen Bleichbetrieb, der im 20. Jahrhundert zu einem der bekanntesten Textilveredelungsunternehmen wurde. Was der Unternehmer damals noch nicht ahnte: Mit seiner Firma legte er den Grundstein für das größte private Naturschutzprojekt im Großraum Bielefeld. Denn das Bleichen verursachte Abwässer, die geklärt werden mussten. Die Firma Windel bediente sich dabei eines natürlichen Prinzips – der Filterung des Wassers durch mineralische Schichten. Hierzu legte man Rieselfelder mit flachen Teichen an, auf denen das Abwasser verteilt wurde. Das Wasser versickerte und wurde durch das im Boden befindliche Substrat auf biologische Weise gereinigt. So entstand ein großflächiges Feuchtgebiet – die Rieselfelder Windel.

Die Teichlandschaft entwickelte sich bald zu einem Biotop für viele Vogelarten, Insekten, Amphibien und Pflanzen. Als der Textilbetrieb eine moderne Kläranlage für seine Abwässer baute, drohte den Rieselfeldern das Aus. Doch die Firma Windel zeigte ökologisches Bewusstsein und brachte das Gelände in eine Stiftung ein. So entstand ein privates Naturreservat, das seit 2014 unter Naturschutz steht und von der Stiftung Rieselfelder Windel zusammen mit der Biologischen Station Gütersloh/Bielefeld betreut wird. In einer Fachwerkkate auf dem Gelände befindet sich das Informationszentrum.

Nun können hier Kormorane, Lachmöwen, Teichrallen, Graugänse und viele Arten mehr ungestört brüten und leben. Und auch die ornithologisch interessierten Besucher kommen voll auf ihre Kosten. Zwei Rundwege erschließen den südlichen und nördlichen Bereich des Naturreservats. Von drei Aussichtskanzeln – eine davon liegt barrierefrei am Ufer des größten Gewässers – können die Tiere gut beobachtet werden, ohne sie zu stören. Wer vorher kein Hobby-Ornithologe war, wird es möglicherweise nach dem Besuch in der Rieselfelder Windel werden.

Adresse Niederheide 63, 33659 Bielefeld, www.rieselfelder-windel.de | ÖPNV Bus 94, Haltestelle Busbahnhof Windelsbleiche | Tipp Südlich der A33 liegt das etwas kleinere Naturschutzgebiet Kampeters Kolk, dessen Weiher bereits 1932 als Naturdenkmal geschützt wurde.

105__Das Bullerbachtal

Grüner Gürtel durch Sennestadt

Schon seit seiner Entstehung war Sennestadt durch das Bullerbachtal geprägt. Es handelte sich um einen der beiden Grüngürtel, die die Stadt durchzogen und zur Naherholung der Stadtteilbewohner beitrugen. Auch heute noch, nachdem die einstige Planstadt umstrukturiert und mit Fördermitteln »umgebaut« worden ist, wird dem Flusslauf der Dalke, wie das Gewässer eigentlich heißt, eine große Bedeutung beigemessen. So wurde der gesamte Uferweg entlang des Bullerbachs vom Quell- zum Mühlteich neu gestaltet. Barrierefrei, also stufenlos, kann man nun von Teich zu Teich flanieren.

Der Spaziergang beginnt an der neu gestalteten Aussichtsplattform, von der man auf den Quellteich blickt, der bereits 2001 renaturiert wurde. Von hier aus geht es an der Talkante entlang, mit Blick in die bis zu zehn Meter tiefe Schlucht, die der Bullerbach in die Landschaft hineingeschnitten hat. Der Weg führt direkt ins Zentrum Sennestadts, das auf einem neu gestalteten und gut erkennbaren Weg durchquert wird, der dann wieder zum Bullerbachtal abknickt. Im zweiten Abschnitt führt der Wanderweg an dem eingekerbten Tal, aber auch an idyllischen Teichen vorbei, bis schließlich der Mühlenteich an einer alten Sägemühle erreicht wird. Auch hier gibt es eine sogenannte Landschaftsbasis, die im Rahmen der Umgestaltung errichtet wurde. Auf dem schwimmenden Ponton kann man sich niederlassen und die Landschaft genießen.

Das Bullerbachtal hört an dieser Stelle jedoch nicht auf. Man kann dem Wanderweg bis zum Gut Wilhelmsdorf mit seinem schönen Bio-Garten-Café folgen, wobei sich der Weg hin und wieder vom Flusstal entfernt. Durch die Beschilderung mit einer weißen 3 innerhalb einer Raute auf schwarzem Grund ist ihm dennoch ganz leicht zu folgen. Auf dem Weg wird auch der Zusammenfluss des Bullerbachs mit dem Sprungbach passiert. Von dort an wird der Fluss mit seinem offiziellen Namen Dalke benannt.

Adresse Zugang zwischen Travestraße 23 und 27, 33689 Bielefeld | **ÖPNV** Bus 30 und 135, Haltestelle Sportzentrum | **Tipp** An der Elbeallee liegt eine weitläufige Grünanlage mit Spielplätzen und Sportanlagen.

106 Die geplante Stadt

Wie die Adern eines Blattes

Die 1950er und 1960er Jahre waren nicht nur wirtschaftlich, sondern auch städtebaulich so etwas wie ein goldenes Zeitalter. Die Stadtplaner hatten ausreichend Platz und auch Geld zur Verfügung, um ihre Visionen einer zukunftsfähigen Stadt umzusetzen. Als zeitgemäß galt es damals, so zu bauen, dass die Häuser von viel Grün umgeben waren und das Verkehrsnetz an die steigende Zahl von Pkws angepasst war. So malte es sich auch der Hamburger Architekt Hans Bernhard Reichow aus, als er den Auftrag erhielt, damals noch vor den Toren Bielefelds auf einer kargen Heidefläche eine neue Stadt für bis zu 20.000 Einwohner zu planen. Durch seine Konzeption sollte eine »organische Stadt« geschaffen werden.

Reichow wagte eine radikale Lösung: Er plante das Straßennetz so, dass es ohne Kreuzungen und sogar ohne Verkehrsschilder auskommen sollte. Nebenstraßen mündeten in einer Kurve in ranghöhere Straßen ein, ähnlich wie bei einer Autobahnauffahrt. Dieses System sollte zugleich die Verkehrsschilder überflüssig machen, da alle Nebenstraßen zur Hauptstraße führten und diese das Ortszentrum erschloss. Das Straßennetz glich somit den Adern eines Blattes. Dazwischen gab es viele Grünflächen, durchsetzt mit den für die damalige Zeit typischen Geschosswohnungsbauten und Reihenhäusern. Reichows damalige Planung wurde viel beachtet und gelobt; auch die Bewohner fühlten sich in dem damals wirtschaftlich florierenden Städtchen und späteren Stadtteil Bielefelds wohl.

Mittlerweile ist die Siedlung etwas in die Jahre gekommen, und typische strukturelle und demografische Probleme sind aufgetreten. Außerdem ist man über die Jahre doch wieder zum System der Kreuzungen und Schilder zurückgekehrt. Dennoch haben sich viele Prinzipien Reichows über die Jahre bewährt und werden im derzeitigen Modernisierungsprozess des Stadtviertels an die heutigen Erwartungen angepasst.

Adresse Sennestadtring, 33689 Bielefeld | ÖPNV Bus 39, 135, 237 und 238, Haltestelle Sennestadtring | Tipp Die hübsche, im schwedischen Stil errichtete Beckhofkirche (Am Beckhof 44) im Ortsteil Dalbke ist ein schönes Beispiel für gelebte Ökumene, da sie seit 1962 von unterschiedlichen Konfessionen genutzt wird.

107__Die Mordsteine

Familientragödie anno 1660

Unweit des Senner Hellwegs, der im Mittelalter als Handelsweg zwischen Bielefeld und Paderborn diente, befindet sich eine kleine Gedenkstätte, die eine grausame Geschichte erzählt. Im 17. Jahrhundert, als der Hellweg noch durch die menschenleere Heidelandschaft der Senne führte, soll sich dort, wo heute das Gelände des Frieda-Nadig-Hauses, ein Seniorenzentrum der AWO, liegt, eine Familientragödie abgespielt haben.

Im Jahr 1660 desertierte Lorentz von Siburg von der Sparrenburg, um dem preußischen Militärdienst zu entkommen und über die Grenze nach Lippe zu ziehen. Mit auf seine Reise nahm er seine Frau Anna und die erst sechs Monate alte Tochter Maria Helena. Warum er kurz vor der Grenze Frau und Kind tötete, ist nicht eindeutig überliefert. Der Deserteur und Mörder wurde jedoch gefasst und »Im Timpen«, einer Gerichtsstätte auf der Heide, hingerichtet. Die beiden Sandsteine, die an den tragischen Tod von Mutter und Kind erinnern sollen, wurden am Ort der Tat aufgestellt. Sie sollten als Gedenksteine und Mahnmal dienen. Möglicherweise mussten einige Menschen nach dem Dreißigjährigen Krieg wieder an Normen und Werte erinnert werden.

Mittlerweile stehen die Steine jedoch nicht mehr an ihrem ursprünglichen Standort. Schließlich ist dieser nicht mehr wie damals, als sie aufgestellt wurden, eine offene Heidefläche. Man findet sie, wenn man im Senner Hellweg in die Stichstraße zum Frieda-Nadig-Haus hineingeht und kurz vor dem Seniorenheim nach rechts in den kleinen Waldweg abbiegt. Schon nach wenigen Metern kann man links die beiden Steine sehen, die unter hohen Bäumen stehen, von einem Kreis aus kleineren Findlingen umrahmt. Der Sennestadtverein hat sich um diese Gestaltung und die Installation der Infotafel gekümmert. Auf den Rückseiten verdeutlichen Inschriften die schrecklichen Umstände, unter denen Mutter und Tochter ums Leben kamen.

Adresse nahe Senner Hellweg 280, 33689 Bielefeld | **ÖPNV** Bus 135, Haltestelle Luheweg | **Tipp** Auf dem ehemaligen Gelände der Wirtschaftsmesse WISA ist das mit 80.000 Quadratmetern größte Verkehrsübungsgelände Ostwestfalens entstanden (Schopketalweg 9).

108_Der Skulpturenpfad

Kunst an jeder Ecke

Wer hätte das gedacht? Der Stadtbezirk mit den meisten Skulpturen im öffentlichen Raum ist Sennestadt. In der auf dem Reißbrett geplanten idealtypischen Stadt wurde von Beginn an das Thema »Kunst am Bau« bei der Errichtung öffentlicher Gebäude großgeschrieben. Kunstobjekte auf den öffentlichen Freiflächen kamen in größerer Zahl durch die Ausstellungsreihe »skulptur aktuell« hinzu, die zwischen 1983 und 2004 viermal stattfand. Von den Skulpturen, die im Rahmen dieser temporären Ausstellungen installiert wurden, konnten einige erworben werden, um dauerhaft in Sennestadt zu verbleiben. Möglicherweise war es diese Ausstellungsreihe, die diverse Bauherren – Investoren, Institutionen, Privatleute – dazu inspiriert hat, auch bei ihren eigenen Bauvorhaben öffentlich zugängliche Kunstobjekte einzuplanen.

Der anderthalb Kilometer lange Rundweg beginnt am Sennestadtteich vor dem Sennestadthaus, dem Verwaltungssitz des Stadtbezirks. Hier kann man nicht nur das 1983 angekaufte »Große Strandstilleben« sehen, das mit seinen 17 Terrakottafiguren auf dem Wasser schwimmt. Aus der Stirnseite des über dem Wasser schwebenden Vortragssaales ragt auch die Plastik »Kosmisches Raumelement« hervor, das bereits 1974 installiert wurde. Das Stadthaus wird noch von weiteren Kunstobjekten geziert: über dem Eingangsportal durch abstrahierte Eisenfiguren und auf dem Dach durch die dreiteilige »Gratwanderung« aus Aluminium.

Weiter geht es auf dem Vorplatz des Sennestadthauses und dem Reichowplatz, auf denen sich Skulpturen aus den 1980er bis 2000er Jahren finden. Andere Stationen sind die Hans-Ehrenberg-Schule und die Rheinallee. Die älteste Skulptur Sennestadts findet man übrigens an dem Grünzug zwischen Naheweg und Mainweg. Die Steinplastik »Mutter und Kind« wurde vom Hamburger Bildhauer Richard Steffen aus einem 132 Zentner schweren Diabasgesteinsbrocken geschaffen und 1963 installiert.

Adresse Sennestadtring, 33689 Bielefeld | **ÖPNV** Bus 39, 135, 237 und 238, Haltestelle Sennestadtring | **Tipp** Sehenswert ist auch die Kreuzkirche (Paderborner Straße 198) von 1894, die sich auf der gegenüberliegenden Seite des Sennestadtteichs befindet.

109_Der Eiserne Anton

Bismarckturm aus Stahl

Otto Fürst von Bismarck war mit seiner Politik bei der Bevölkerung nicht nur als Reichskanzler, sondern schon zu seiner Zeit als preußischer Ministerpräsident äußerst beliebt. Doch kurz nach der Reichsgründung 1871 begann ein regelrechter Bismarck-Kult, der in den folgenden Jahrzehnten zum Bau zahlreicher Bismarck-Denkmäler führen sollte. Das Besondere dabei war der Umstand, dass die Initiative und Gelder zum Bau dieser Denkmäler zumeist aus der Bevölkerung selbst kamen und nicht dem Repräsentationsbedürfnis der Regierung entstammten. Eine Form der Bismarck-Verehrung drückte sich in der Errichtung sogenannter Bismarcktürme aus, von denen heute noch rund 150 erhalten sind.

Ein etwas untypischer Bismarckturm wurde 1895 auf dem Gipfel des Ebbergs errichtet, der zum Hauptkamm des Teutoburger Waldes gehört. Auf dem 309 Meter hohen Gipfel, auf dem der Hermannsweg entlangführt, entstand der neuneinhalb Meter hohe Aussichtsturm. Das Spezielle an ihm ist die Ausführung als Stahlkonstruktion mit quadratischem Grundriss, während andere Bismarcktürme in der Regel aus Stein gemauert wurden.

Die Idee für diesen Turm stammte vom Bielefelder Schlosser und Maschinenbauer Heinrich Fricke, was möglicherweise die Auswahl von Stahl als Baumaterial erklärt. Auch wenn Heinrich Fricke mit dem Turm den ehemaligen Reichskanzler anlässlich seines 80. Geburtstages im Jahr 1895 ehren wollte, den Spitznamen »Eiserner Anton« hatte das Bauwerk schon kurz nach seiner Einweihung weg. Wieso die Namenswahl dabei ausgerechnet auf Anton fiel, bleibt jedoch ungeklärt.

2003 wurde der Turm originalgetreu restauriert, der Stahl blau angestrichen und der Sockel mit Sandstein verkleidet. 42 Stufen muss man erklimmen, um die Aussichtsplattform in acht Metern Höhe zu erreichen. Dann hat man zwischen den Baumwipfeln eine schöne Aussicht auf Teile Bielefelds und die Umgebung.

Adresse Nähe Osningstraße 281, 33605 Bielefeld | Anfahrt per Pkw über Detmolder Straße (B 66), auf Osningstraße (Richtung Gütersloh) abbiegen und bis zum Restaurant Eiserner Anton fahren, hinter dem Restaurant führt der Wanderweg in 10 Minuten zum Aussichtsturm | Tipp Freizeitaktivitäten der anderen Art kann man im Adrenalinpark (Nesselstraße 61) ausprobieren. Besonders viel Spaß ist hier beim Bubbleball garantiert, einem Fußballspiel, bei dem Oberkörper und Kopf jedes Spielers in einem aufblasbaren Ball stecken. Zusammenstöße führen damit zu urkomischen Szenen.

110 Der Römische Wachposten

Wälle und Schuhnägel

Manchmal gibt es Sehenswürdigkeiten, die so unauffällig sind, dass man sie ohne Hinweisschild glatt übersehen würde. Eine solche Sehenswürdigkeit ist die Römische Kreisgrabenanlage auf der Sparrenberger Egge. Ein Hoch also auf die gute Beschilderung! Man muss nämlich schon genau hinsehen, um zwischen den Bäumen die kreisförmige Andeutung eines Walls auszumachen. 32 Meter misst er im Durchmesser und ist von einer zwei Meter breiten Senkung, die damals als Graben dienen sollte, umgeben. Es sind die übrig gebliebenen Spuren eines Wachpostens, den man hier anlegen wollte, der aber nie vollendet wurde. Hier sollte ein Turm entstehen, von einem Wall und einem Graben umwehrt. So weit ist es jedoch nicht gekommen.

Wie aber kann etwas, das man kaum erkennen kann und das auch nie so richtig existiert hat, als sehenswerte Besonderheit gelten? Als man 1988 auf der Sparrenberger Egge, rund 1.700 Meter von der Sparrenburg entfernt, römische Münzen aus den Jahren 32 und 31 vor Christus fand und so auf die verdächtige Wallaufschüttung aufmerksam wurde, erregte dies höchstes Interesse bei Archäologen. Schließlich verifizierten die anschließenden Untersuchungen, bei denen man römische Schuhnägel fand, dass sich an dieser Stelle einst ein römischer Wachposten befunden hatte. Diese Art von Wachtürmen wurde meist als Teil eines Systems von Beobachtungsposten angelegt, durch die sich eine Nachrichtenkette bilden ließ. Die Existenz der kleinen, unauffälligen Kreisgrabenanlage bewies also, dass die Römer zu dieser Zeit viel weiter gen Osten vorgedrungen waren, als man bis dato vermutet hatte.

Weitere Wachposten, die zu diesem System gehört haben, konnten bislang nicht entdeckt werden. Auch bei der umstrittenen Lokalisation der Varusschlacht kann die Kreisgrabenanlage nicht weiterhelfen. Ein bedeutender archäologischer Fund ist und bleibt sie dennoch.

Adresse Nähe Furtwänglerstraße 52, 33604 Bielefeld | **ÖPNV** Bus 122, Haltestelle Kirchliche Hochschule, Fußweg circa 750 Meter über Studentenweg, an der Gabelung rechts auf Wanderweg zum Waldhotel Brand's Busch, links am Hotel vorbei und auf gegenüberliegender Straßenseite den ansteigenden Wanderweg zur Kreisgrabenanlage nehmen (Hinweisschild) | **Tipp** Wer den Besuch auf der Sparrenberger Egge mit einer Wanderung kombinieren will, kann anschließend im Restaurant von Brand's Busch einkehren.

111 Die Volkssternwarte Ubbedissen

Astronomie für alle

Bruno Junker war begeisterter Hobbyastronom. Zur Beobachtung größerer Objekte, wie dem Mond, baute er sich sogar ein eigenes Teleskop. Da er seine Begeisterung für die Beobachtung der Himmelskörper jedoch gern mit anderen teilen wollte, machte er es sich zum Ziel, eine öffentliche Sternwarte zu errichten, die er mit seinen Teleskopen ausstatten wollte. Zur gleichen Zeit versuchte der Naturwissenschaftliche Verein für Bielefeld und Umgegend e. V. mit seiner Arbeitsgemeinschaft Astronomie das Thema für die Öffentlichkeit besser zugänglich zu machen – und strebte ebenfalls an, eine eigene Sternwarte zu betreiben. Dank der Hilfe der Mäzene konnte der Wunsch Wirklichkeit werden: 1998 öffnete die Volkssternwarte Ubbedissen auf dem Dach der diakonischen Seniorenwohnanlage in Ubbedissen für die Öffentlichkeit. Mit wenig störenden Lichtquellen in der Umgebung und gleichzeitig guter Anbindung an die Stadt.

Seither öffnet die Arbeitsgemeinschaft die Sternwarte regelmäßig zur Himmelsbeobachtung sowie für Veranstaltungen und Vorträge. Bei klarem Himmel werden in den Wintermonaten vornehmlich die Sterne beobachtet. In den Sommermonaten, wenn es später dunkel wird, richten sich die Teleskope auf Sonne und Mond. Das komplexe Wissenschaftsgebiet Astronomie wird so erläutert, dass es auch für Laien verständlich und spannend ist. Dabei arbeiten die Mitglieder der AG ehrenamtlich – sie begeistern sich für Astronomie und möchten andere damit anstecken. Im Idealfall gelingt das so gut, dass die Besucher prompt eine Sternpatenschaft übernehmen. Oder sogar selbst tiefer ins Thema einsteigen wollen und Teil der AG werden. Dann können sie nämlich auch außerhalb der Öffnungszeiten in der Sternwarte gen Himmel blicken, fotografieren und mit den Kollegen über astronomische Fragestellungen fachsimpeln.

Adresse Wietkamp 5, 33699 Bielefeld, www.volkssternwarte-ubbedissen.de | **ÖPNV** Bus 38, 127 und 138, Haltestelle Sternwarte | **Öffnungszeiten** jeden 2. Freitag im Monat (bei jedem Wetter), Sept.–April 20–22 Uhr, Mai–Juli 19–21 Uhr | **Tipp** Die Pfarrkirche Stieghorst (Reichenberger Straße 7) war einst eine Fruchtscheune, wurde dann zur Kapelle umgebaut und später um einen Glockenturm ergänzt.

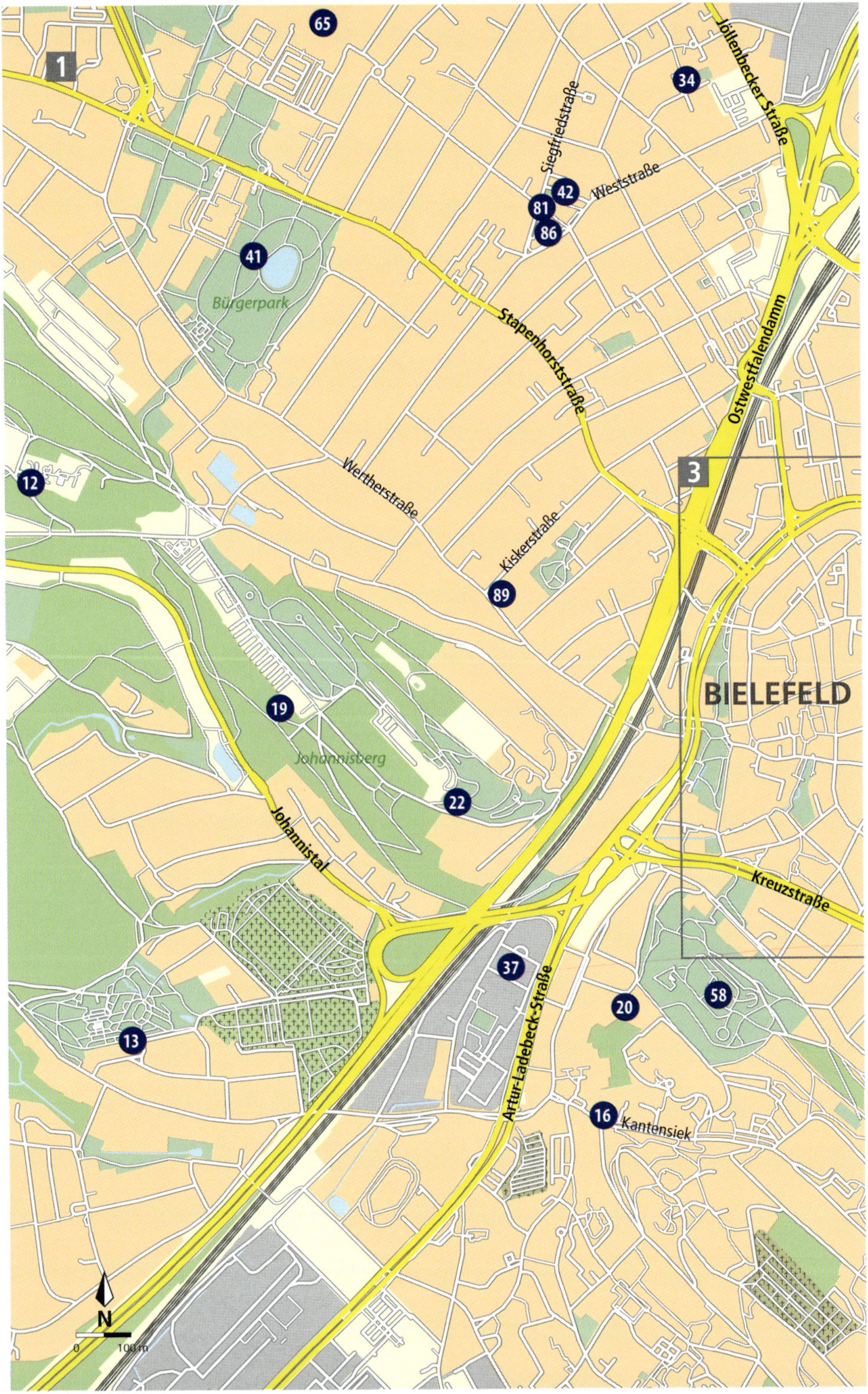
1
3
BIELEFELD
Bürgerpark
Johannisberg
Jöllenbecker Straße
Siegfriedstraße
Weststraße
Stapenhorststraße
Ostwestfalendamm
Wertherstraße
Kiskerstraße
Johannistal
Kreuzstraße
Artur-Ladebeck-Straße
Kantensiek
65
34
42
81
86
41
12
89
19
22
37
20
58
13
16
N
0
100 m

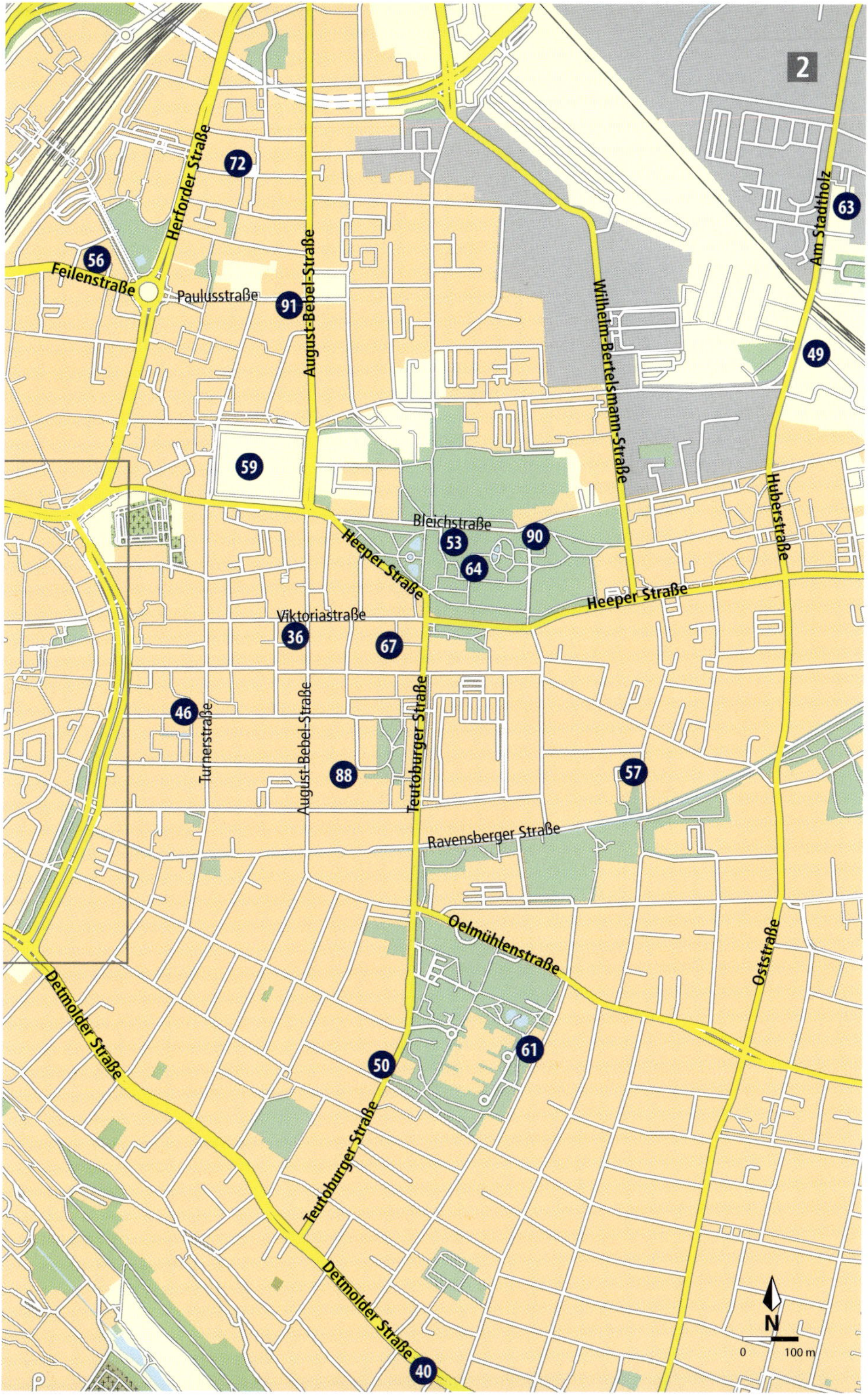

2
72
Herforder Straße
63
Am Stadtholz
56
Feilenstraße
Paulusstraße
91
August-Bebel-Straße
Wilhelm-Bertelsmann-Straße
49
59
Huberstraße
Bleichstraße
53
90
64
Heeper Straße
Heeper Straße
Viktoriastraße
36
67
46
Turnerstraße
August-Bebel-Straße
Teutoburger Straße
88
57
Ravensberger Straße
Oelmühlenstraße
Oststraße
Detmolder Straße
61
50
Teutoburger Straße
Detmolder Straße
40
N
0
100 m

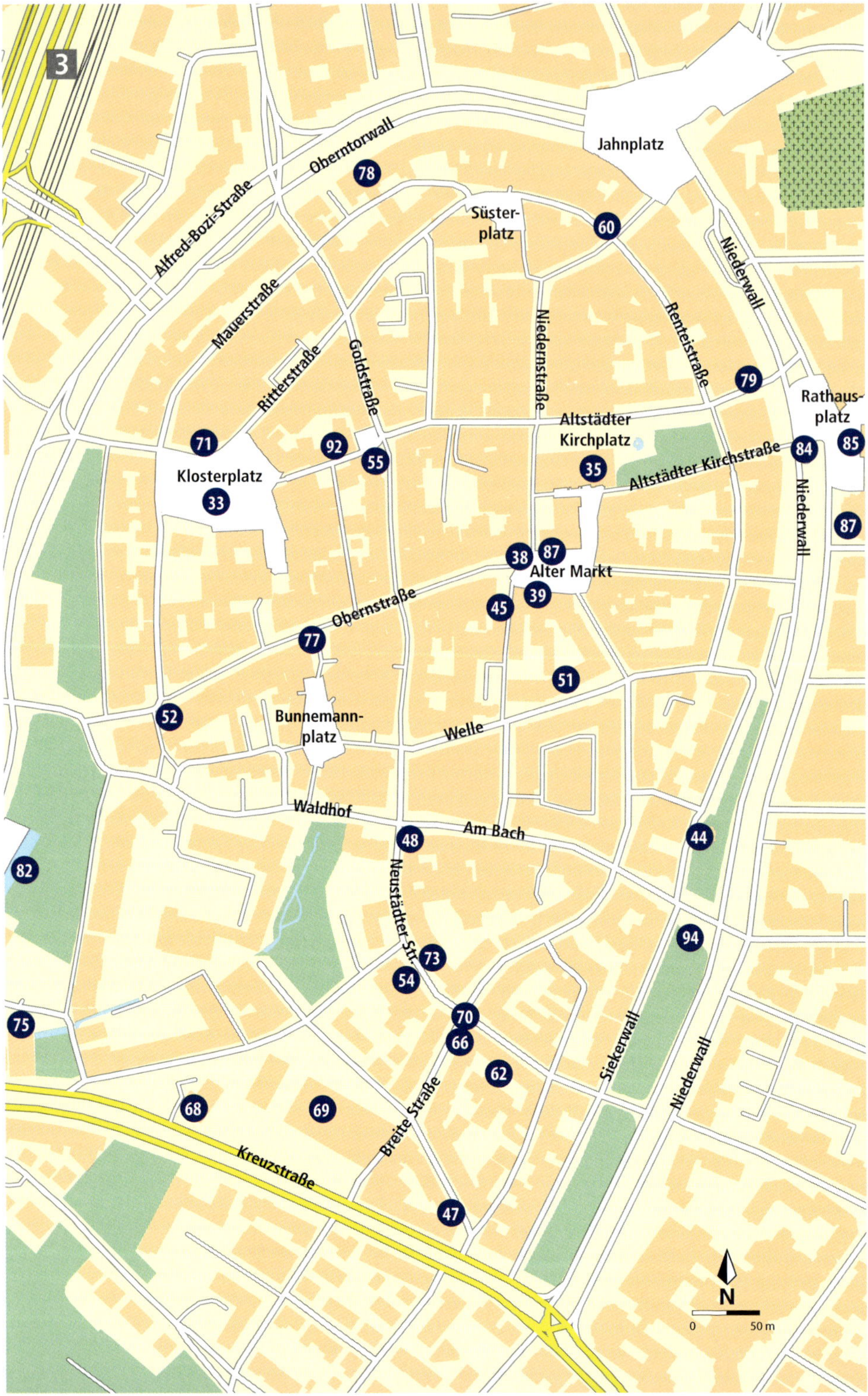
3
Jahnplatz
Oberntorwall
78
Alfred-Bozi-Straße
Süster-
platz
60
Niederwall
Mauerstraße
Ritterstraße
Goldstraße
Niedernstraße
Renteistraße
79
Rathaus-
platz
Altstädter
Kirchplatz
71
92
55
35
Altstädter Kirchstraße
84
85
Klosterplatz
33
Niederwall
87
38
87
Alter Markt
39
45
Obernstraße
77
51
52
Bunnemann-
platz
Welle
Waldhof
Am Bach
48
44
82
Neustädter Str.
94
73
54
75
70
66
62
Siekerwall
Niederwall
68
69
Breite Straße
Kreuzstraße
47
N
0
50 m

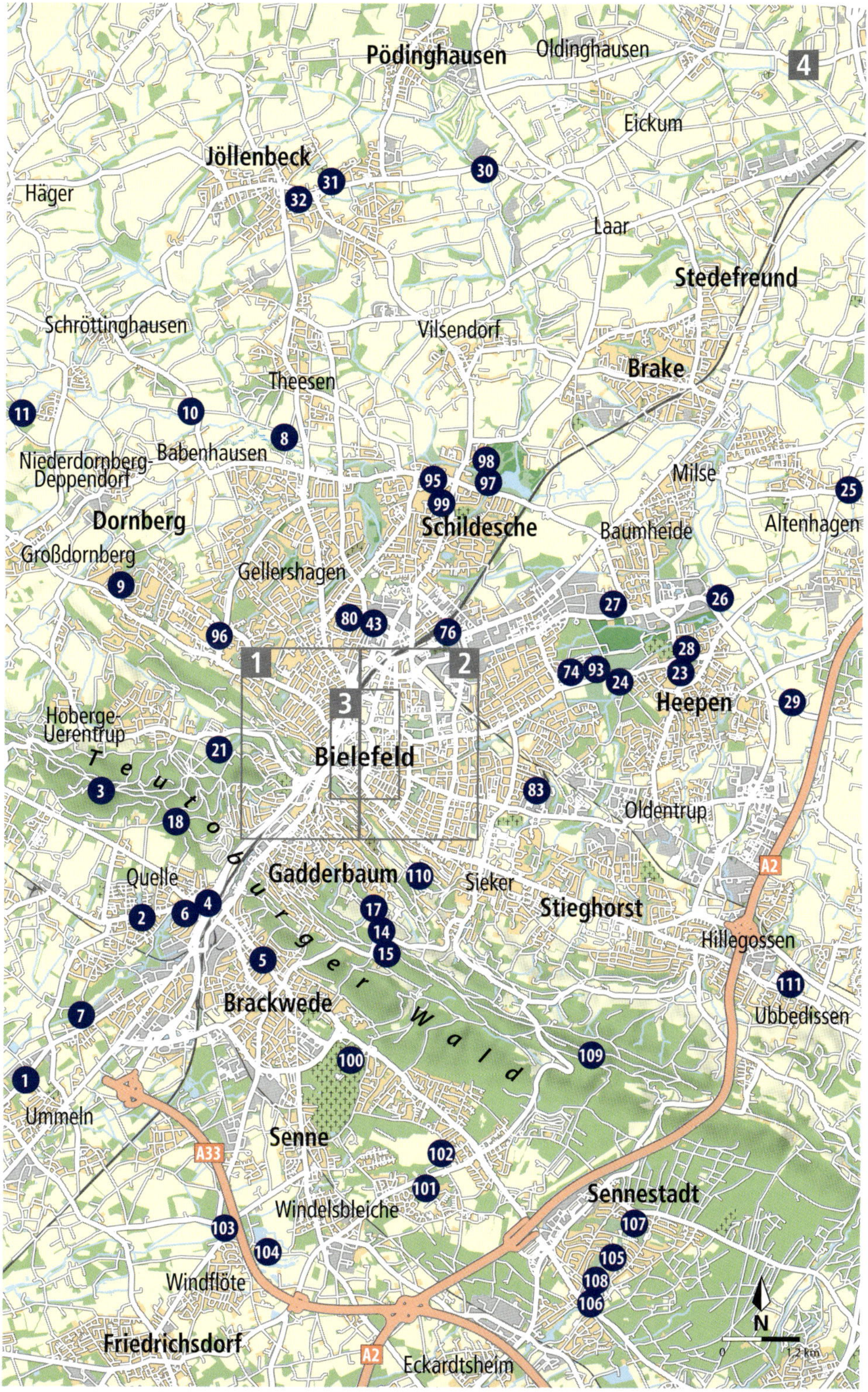

Pödinghausen
Oldinghausen
4
Eickum
Jöllenbeck
31
30
32
Häger
Laar
Stedefreund
Schröttinghausen
Vilsendorf
Brake
Theesen
11
10
8
Niederdornberg-Deppendorf
Babenhausen
98
95
97
Milse
25
99
Dornberg
Schildesche
Baumheide
Altenhagen
Großdornberg
Gellershagen
9
27
26
80
43
96
76
28
1
2
74
93
24
23
3
Heepen
29
Hoberge-Uerentrup
21
Bielefeld
3
83
18
Oldentrup
Teutoburger Wald
A2
Quelle
Gadderbaum
110
Sieker
Stieghorst
2
6
4
17
14
Hillegossen
5
15
111
Brackwede
Ubbedissen
7
100
109
1
Ummeln
Senne
A33
102
101
Sennestadt
Windelsbleiche
107
103
104
105
Windflöte
108
106
N
Friedrichsdorf
A2
Eckardtsheim
0
1,2 km

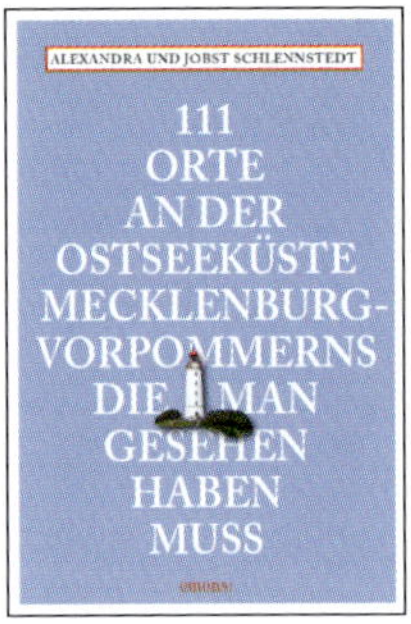

Alexandra Schlennstedt,
Jobst Schlennstedt
111 Orte an der Ostseeküste Mecklenburg-Vorpommerns, die man gesehen haben muss
ISBN 978-3-95451-332-1

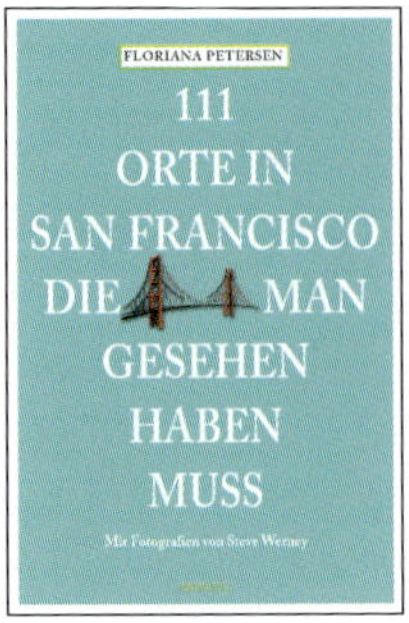

Floriana Petersen
111 Orte in San Francisco, die man gesehen haben muss
ISBN 978-3-95451-750-3

Andrea Livnat,
Angelika Baumgartner
111 Orte in Tel Aviv, die man gesehen haben muss
ISBN 978-3-95451-703-9

Oliver Schröter, Falk Saalbach
111 Orte in Zürich, die man gesehen haben muss
ISBN 978-3-95451-538-7

Cornelia Lohs
111 Orte in Bern, die man gesehen haben muss
ISBN 978-3-95451-669-8

Giulia Castelli Gattinara,
Mario Verin
111 Orte in Mailand, die man gesehen haben muss
ISBN 978-3-95451-617-9

Cornelia Ziegler,
Chris Sindermann
111 Orte auf Kreta, die man gesehen haben muss
ISBN 978-3-95451-540-0

Dorothee Fleischmann,
Carolina Kalvelage
111 Orte an der Costa Brava, die man gesehen haben muss
ISBN 978-3-95451-561-5

Jo-Anne Elikann
111 Orte in New York, die man gesehen haben muss
ISBN 978-3-95451-512-7

Alexandra Schlennstedt,
Jobst Schlennstedt
111 Orte in Lübeck, die man gesehen haben muss
ISBN 978-3-95451-564-6

Alexandra Schlennstedt,
Jobst Schlennstedt
111 Orte an der Ostseeküste, die man gesehen haben muss
ISBN 978-3-89705-824-8

Rüdiger Liedtke,
Laszlo Trankovits
111 Orte in Kapstadt, die man gesehen haben muss
ISBN 978-3-95451-456-4

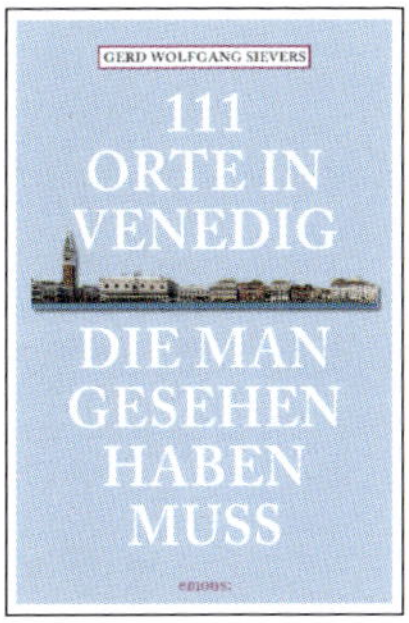

Gerd Wolfgang Sievers
111 Orte in Venedig, die man gesehen haben muss
ISBN 978-3-95451-352-9

Vito von Eichborn
111 Orte zwischen Lübeck und Kiel, die man gesehen haben muss
ISBN 978-3-95451-339-0

Petra Sophia Zimmermann
111 Orte am Gardasee und in Verona, die man gesehen haben muss
ISBN 978-3-95451-344-4

Marcus X. Schmid,
Halûk Uluhan
111 Orte in Istanbul, die man gesehen haben muss
ISBN 978-3-95451-333-8

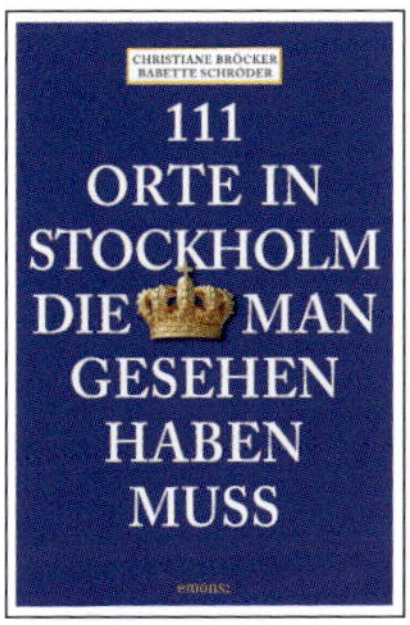

Christiane Bröcker,
Babette Schröder
111 Orte in Stockholm, die man gesehen haben muss
ISBN 978-3-95451-203-4

Oliver Schröter
111 Orte für echte Männer, die man gesehen haben muss
ISBN 978-3-95451-228-7

Alexandra Schlennstedt,
Jobst Schlennstedt
111 Orte in Ostwestfalen-Lippe, die man gesehen haben muss
ISBN 978-3-95451-109-9

Annett Klingner
111 Orte in Rom, die man gesehen haben muss
ISBN 978-3-95451-219-5

John Sykes, Birgit Weber
111 Orte in London, die man gesehen haben muss
ISBN 978-3-95451-117-4

Alexandra Schlennstedt,
Jobst Schlennstedt
111 Orte in der Lüneburger Heide, die man gesehen haben muss
ISBN 978-3-95451-844-9

Susanne Thiel
111 Orte in Madrid, die man gesehen haben muss
ISBN 978-3-95451-118-1

Dirk Engelhardt
111 Orte in Barcelona, die man gesehen haben muss
ISBN 978-3-95451-066-5

Stefan Spath
111 Orte in Salzburg, die man gesehen haben muss
ISBN 978-3-95451-114-3

Ralf Nestmeyer
111 Orte in der Provence, die man gesehen haben muss
ISBN 978-3-95451-094-8

Peter Eickhoff, Karl Haimel
111 Orte in Wien, die man gesehen haben muss
ISBN 978-3-89705-969-6

Rike Wolf
111 Orte in Hamburg, die man gesehen haben muss
ISBN 978-3-89705-916-0

Rüdiger Liedtke
111 Orte auf Mallorca, die man gesehen haben muss
ISBN 978-3-89705-975-7

Lucia Jay von Seldeneck, Verena Eidel, Carolin Huder
111 Orte in Berlin, die man gesehen haben muss
ISBN 978-3-89705-853-8

Rüdiger Liedtke
111 Orte in München, die man gesehen haben muss
ISBN 978-3-89705-892-7

Lucia Jay von Seldeneck, Verena Eidel, Carolin Huder
111 Orte in Berlin, die man gesehen haben muss
Band 2
ISBN 978-3-95451-207-2

Bernd Imgrund, Britta Schmitz
111 Kölner Orte, die man gesehen haben muss
Band 1
ISBN 978-3-89705-618-3

Bernd Imgrund, Britta Schmitz
111 Kölner Orte, die man gesehen haben muss
Band 2
ISBN 978-3-89705-695-4

Marx de Morais
111 Orte in Turin und im Piemont, die man gesehen haben muss
ISBN 978-3-95451-736-7

Mercedes Korzeniowski-Kneule
111 Orte in Basel, die man gesehen haben muss
ISBN 978-3-95451-702-2

Alexandra Schlennstedt, geboren in Siebenbürgen und aufgewachsen in Baden-Württemberg, studierte Geografie in Bayern und fand 2004 in Lübeck ihre neue Heimat. Der Spaß am Recherchieren und Texten brachte sie dazu, ihren Arbeitsalltag im PR- und Marketingbereich durch die Tätigkeit als Emons-Autorin in der 111-Orte-Reihe zu ergänzen.

Jobst Schlennstedt, 1976 in Herford/Ostwestfalen geboren und dort aufgewachsen, studierte Geografie an der Universität Bayreuth. Seit Anfang 2004 lebt er in Lübeck. 2008 veröffentlichte er seinen ersten von mittlerweile zehn Küsten Krimis im Emons Verlag. Auch zwei Ostwestfalen Krimis hat er bereits geschrieben. In den 111-Orte-Büchern ist Jobst Schlennstedt ausnahmsweise nicht fürs Texten, sondern für die Fotoaufnahmen verantwortlich.
www.jobst-schlennstedt.de